GERHARD HAHN
DER ACKERMANN AUS BÖHMEN
DES JOHANNES VON TEPL

ERTRÄGE DER FORSCHUNG

Band 215

GERHARD HAHN

DER ACKERMANN
AUS BÖHMEN
DES JOHANNES VON TEPL

1984

WISSENSCHAFTLICHE BUCHGESELLSCHAFT
DARMSTADT

CIP-Kurztitelaufnahme der Deutschen Bibliothek

Hahn, Gerhard:
Der Ackermann aus Böhmen des Johannes von Tepl /
Gerhard Hahn. – Darmstadt: Wissenschaftliche
Buchgesellschaft, 1984.
  (Erträge der Forschung; Bd. 215)
  ISBN 3-534-07575-7
NE: GT

1 2 3 4 5

wb Bestellnummer 7575-7

© 1984 by Wissenschaftliche Buchgesellschaft, Darmstadt
Satz: Maschinensatz Gutowski, Weiterstadt
Druck und Einband: Wissenschaftliche Buchgesellschaft, Darmstadt
Printed in Germany
Schrift: Linotype Garamond, 9/11

ISSN 0174-0695
ISBN 3-534-07575-7

INHALT

Vorwort VII

Der Autor 1

Die literarische Tätigkeit 6

Der Ackermann aus Böhmen 8
A. Der Text 8
   I. Die Entstehung 8
   II. Überlieferung und Frührezeption 10
   III. Editionsgeschichte und Editionen 14
   IV. Hilfsmittel der Ackermann-Forschung . . . 19
B. Die Deutung des Texts 20
   I. Kurzbeschreibung 20
   II. Phasen der Deutung 21
   III. Formbezogene Deutungen 29
     1. Die Sprache 29
     2. Die literarischen Darstellungsmittel . . . 31
       a) Kommentare 31
       b) Überblicke 32
       c) Der Begleitbrief 34
       d) Einzeluntersuchungen 39
         aa) Aufbauformen 39
           Kapitelaufbau S. 39 – Zwei- und
           Dreigliedrigkeit S. 40 – Formaler
           Werkaufbau S. 41
         bb) Einzelne Stilmittel 43
           Cursus, Rhythmisierung S. 43 –
           Symbolzahlen S. 45 – Klangfiguren,
           Synonyma S. 46 – Sprichwörter S. 47

   cc) Interpretationen einzelner Kapitel .   48
   Kapitel I S. 48 – Kapitel X S. 49 –
   Kapitel XXXIII S. 49 – Kapitel
   XXXIV S. 50
   dd) Rhetorische Systeme und Traditionen   51
  3. Zusammenfassung   52
 IV. Inhaltbezogene Deutungen   53
  1. Aufbau als Aussage   53
   a) Der Tod als Sieger   53
   BRAND S. 53 – BÄUML S. 57 – WALSHE
   S. 59 – DEINERT S. 61
   b) Der unentschiedene Ausgang   62
   WOLFF S. 62 – KUHN S. 63 – HAHN S. 64
   – BUCHTMANN S. 70
  2. Der Ackermann und das genus iudiciale . .   74
   BORCK, BRANDMEYER S. 74 – HENNIG S. 82
   – NATT S. 84
  3. Weitere rhetorische Deutungsmuster . . .   90
   JAFFE: ironia S. 90 – STOLT: Ethos und Pathos S. 92 – BURGER: ars movendi S. 94
C. Vorlagen und Quellen   96
 I. Direkte Vorlagen   96
  1. Der 'Tractatus de crudelitate mortis' . .   96
  2. Ein Ur-Ackermann?   99
 II. Sonstige Quellen und Einflußbereiche . . .   104
  Kommentare S. 104 – Felder, Autoren, Werke
  S. 104 – Gattung S. 106 – Johann von Neumarkt
  S. 107
D. Zur geschichtlichen Stellung des Ackermann . . .   108
E. Zum Werkcharakter   114

Zitierweise und Abkürzungen   121

Literaturverzeichnis   123

Register   133

VORWORT

„Dank Burdach ist der Ackermann in den Brennpunkt der Forschungen gerückt, die sich um den deutschen Frühhumanismus bemühen; und diese Stellung wird ihm bleiben, selbst wenn man der Meinung sein sollte, daß die papierene Mauer, mit der Burdach das schmale Werkchen umschanzt hat, den Blick ins freie Gelände eher hemmt als erleichtert." So kennzeichnete A. HÜBNER 1937 (S. 369 f.) die Lage der Forschung über das Prosastreitgespräch zwischen dem Witwer und dem Tod, das der Saazer Notar und Schulrektor Johannes um 1400 verfaßt hat. Die Bibliographie der Ausgabe JUNGBLUTHS zählt bis 1968 rund 440 Titel; im Kommentarband, der Nachträge bringt und bis 1981 ohne Anspruch auf Vollständigkeit ergänzt, sind weitere rund 100 Titel angefügt. Diese Zahlen zeigen eindrucksvoll, wie berechtigt, ja notwendig es ist, von Zeit zu Zeit eine ordnende Bilanz zu versuchen, wie unumgänglich es aber auch ist, auszuwählen und Akzente zu setzen, wenn der Platz begrenzt ist. Dem Zweck der Reihe entsprechend, die 'Erträge der Forschung' über den Spezialistenkreis hinaus zugänglich machen will, ist in die Mitte des vorliegenden Berichts die Deutung des Werks in formaler und inhaltlicher Hinsicht gerückt. Eine Beschränkung darauf war andererseits nicht möglich, da sich die Deutungen auf einen Text beziehen, dessen authentische Gestalt bis heute nicht gesichert ist und wohl nie zu sichern sein wird. In diese Deutungen sind aber immer wieder auch autorbiographische Probleme eingegangen, vor allem die bis heute umstrittene Frage, ob das Werk ein reales Todeserlebnis des Autors verarbeitet. Da für den überlieferungsgeschichtlichen, textkritischen und editorischen Forschungsbereich wie für den biographischen keine neueren zusammenfassenden Darstellungen vorliegen, auf die bequem hätte verwiesen werden können, sind sie, allerdings mehr skizzenhaft referiert als diskutiert, in dieses Bändchen aufgenommen und markieren auf ihre Weise die Grenzen der Werkdeutung. Das gilt auch für das Kapitel über Vorlagen und Quellen. G. SICHELS umfassende Geschichte der 'Ackermann'-Forschung, die in diesen Partien hätte entlasten können, ist, auf Italienisch verfaßt, nur begrenzt zugänglich. Sie bringt sachgerecht vor Augen, daß der heutige Forschungsstand nur verständlich wird, wenn man ihn als Ergebnis forschungsgeschichtlicher Weichenstellungen und wiederholter Rückgriffe auf ältere Positionen beschreibt. Dieser Aspekt war auch im vorliegenden Bändchen zu berücksichtigen. Schließlich sei vorweggenommen, daß trotz der langen und intensiven Forschung nicht nur Grundprobleme der Autorbiographie und Textherstellung, sondern auch der Werkdeutung und literarhistorischen Einordnung bis heute nicht gelöst sind. 'Erträge' konnten nur zusammen mit den Voraussetzungen und Methoden, aus denen sie sich ergeben haben, dargestellt werden. Aus den genannten Gegebenheiten und Überlegungen erklären sich die Proportionen und unterschiedlichen Darstellungsweisen des Berichts.

Außer Kollegen, die mir 'Ackermann'-Beiträge bereits vor der Veröffentlichung zugänglich machten, und meinen Mitarbeitern habe ich den Teilnehmern an einem 'Ackermann'-Seminar im Sommersemester 1981 herzlich zu danken.

Regensburg, im März 1983   Gerhard Hahn

DER AUTOR

Das Streitgespräch zwischen dem klagend-anklagenden Witwer und dem Tod, der 'Ackermann aus Böhmen' (*A*), enthält einige Angaben, die sich in ihrer Konkretheit von der sonst gewählten Darstellungsebene abheben. Ihre kunstvolle Verschlüsselung macht um so deutlicher, daß sie nicht als beliebige Kennzeichen für die Figuren und Kulissen für den Dialog, sondern als versteckte Autornennung eingefügt sind. Es handelt sich um die Berufsangabe *Ich bins genant ein ackerman, von vogelwat ist mein pflug* (III, 1; IV, 2), eine traditionelle Umschreibung für den Mann der Feder, auch den beruflichen Schreiber; um die Ortsangabe Böhmen (*und wone in Behemer lande* III, 1 f.; auch IV, 2.4), genauer Saaz (*Sacz* nach dem Buchstabenrätsel IV, 5–8); um das Akrostichon des Schlußgebets, das in der wiederhergestellten Form (W. KROGMANN 1953) *IOHANNES MA* ergibt. Diese Angaben haben über manchen Umweg (vgl. Ausg. SPALDING, S. XIX ff.) auf die Spur des Autors geführt. Der Indizienbeweis, den nach J. KNIESCHEKS (Ausg.) Näherung besonders F. M. BARTOŠ (1927), A. BERNT und K. BEER erbracht hatten, wurde 1933 glänzend bestätigt, als der Historiker K. J. HEILIG im Freiburger Codex 163 (fol. 96^b; 15. Jh.) das lateinische Widmungsschreiben fand, das der Verfasser des *libellus ackerman* seinem Werk beilegte, als er es dem Tepler Jugendfreund und jetzigen Prager Bürger Petrus Rothers (Rothirsch) übersandte. Es ist gezeichnet mit *Johannes de Tepla, ciuis Zacensis*. Johannes ist in Saazer und Prager Urkunden, im Saazer Stadtbuch (jetzt im Bezirksarchiv Laun, Nordböhmen [Okresní archiv Lounek], Hs. I B 261) und drei Formularbüchern bezeugt (1. 'Stankaformular', jetzt Laun, Hs. XVI B 1; 2. einst Stadtbibliothek Breslau, Hs. R 379, Formelbuch A und B, seit dem Zweiten Weltkrieg verschollen; 3. Universitätsbibliothek

Freiburg i. Br., Codex 163). Sie sind z. T. unzureichend ediert (L. SCHLESINGER 1889, 1892, W. KATZEROWSKY, HEILIG). Die durch H. H. MENGE (1977) angekündigte Neuedition des Stadtbuchs und 'Stankaformulars' verspricht weitere Aufschlüsse über Johannes' Leben. Die wichtigsten ihn betreffenden Zeugnisse sind zusammengestellt und kurz interpretiert bei KROGMANN (Ausg. S. 9 ff.), E. SCHWARZ (1968, S. 5 ff.) und W. WOSTRY (S. 25 ff.). Ich hebe die wichtigsten Daten heraus.

Die Namensform, unter der der *A*-Autor auftritt, gibt einige wenn auch sehr unsichere Hinweise auf seine früheste Lebenszeit. 1. *Johannes (de) Tepla.* Ist Tepl sein nordböhmischer Geburtsort, sein Schulort oder die Stätte einer ersten Anstellung? 2. *Johannes Henslini de Sitbor* ist Benennung nach dem Namen des Vaters *Henslin,* der wohl bis 1374 (K. DOSKOČIL) Pfarrer im Dorf Šitboř war (= Schüttwa im westböhmischen Bezirk Bischofteinitz). Sind Johannes und sein Bruder unehelich geboren oder, da sie in einem Erbstreit erbberechtigt auftreten und Johannes eine ehrenvolle Laufbahn nehmen wird, doch eher Söhne eines begüterten Vaters, der erst als Witwer Priester wurde? Diesen Schritt wird auch der Kläger des Streitgesprächs (XXVII) erwägen. War der Vater vielleicht sogar adeliger Herr von Šitboř *(dominus Henslin de Sytbor),* der dann die Pfarre des eigenen Dorfes übernahm (zuletzt H. ROSENFELD 1980, Jahrbuch, S. 298 f.)? Ist Šitboř dann der Geburtsort des Dichters, der sogar überwiegend unter dem Namen 3. *Johannes de Sitbor* auftritt, soweit er nicht einfach 4. *Johannes* genannt wird?

Ins Licht urkundlicher Bezeugung tritt Johannes erst in Saaz. Die Geschichte der Stadt in dieser Zeit hat WOSTRY skizziert. Bereits vor dem Tod Karls IV. im Jahr 1378 ist Johannes als Notar der Stadt Saaz *(notarius ciuitatis)* bezeugt. Bei der Anlage des Stadtbuches 1383, in das wichtige Urkunden in Abschrift eingetragen wurden, ist er unter dem zusätzlichen Titel des Rektors der Schüler, des Leiters der örtlichen Lateinschule *(rector scholar[i]um et ciuitatis notarius)* beteiligt, und die Eintragungen, die er zum Teil selbst vorgenommen zu haben scheint, zeigen ihn in diesen Ämtern bis 1411. Ein Teil der Eintragungen findet sich als Muster neben anderen, z. B. Briefmustern, in drei Formularbüchern, bei denen seine direkte Mitwirkung noch nicht sicher geklärt ist (MENGE 1977). Er ist weiterhin, wie ab 1386 bezeugt, öffentlich amtierender Notar in kaiserlichem Auftrag, als solcher befugt, Urkunden auch in fremder Sache auszustellen und mit eigenem Notariatsignet zu beglaubigen *(notarius publicus auctoritate imperiali, tabellio imperialis)*. Zur Erbschaft, zu den Einkünften aus seinen verschiedenen Ämtern treten gelegentlich weitere Einnahmen. So verleiht ihm der Rat der Stadt Saaz für ein Jahr die Berechtigung, unter anderem mit Wein, Bier, Met handeln zu dürfen, und König Wenzel erteilt ihm für treue Dienste das Recht, von den Saazer Schlächtern, die auf dem Saazer Markt Fleisch verkaufen, je einen Groschen zu erheben. Seine Mittel ermöglichen Johannes Grund- und Hausbesitz bereits in Saaz wie dann gleich auch in der Prager Neustadt. Dort übernimmt er 1411, vom Rat der Stadt Saaz als *illuminatus vir* empfohlen und verabschiedet, das Stadtschreiberamt *(notarius, protonotarius)* und legt im selben Jahr einen neuen Band des Stadtbuches an. Schon 1413 aber erkrankt er. Der Rat der Prager Neustadt sichert ihm seine Stelle auf Lebenszeit zu, wenn er einen Vertreter stellt. Eine Urkunde von 1415 weist bereits seinen Tod aus. Er hinterläßt eine Witwe Clara. Sie ist möglicherweise seine zweite Frau, wenn eine weitere konkrete Angabe des Streitgesprächs als biographisches Datum interpretiert werden darf: der Tod der Gattin *Margret* (III, 3–5; XXXIV 69 f.) am 1. August 1400 (XIV, 14–21). Urkunden sprechen von einer Tochter und vier Söhnen; Kinder sind auch im Streitgespräch (IX, XXI) vorausgesetzt und in die Argumentation einbezogen.

Der Magistertitel, der urkundlich und wahrscheinlich im Akrostichon bezeugt ist (*MA* könnte hier allerdings auch die Anfangsbuchstaben des Namens der Toten meinen), sowie die berufliche Laufbahn Johannes' setzen ein Universitätsstudium voraus. 1348 gründet Karl IV. mit päpstlicher Genehmigung die Universität Prag. Wenn Johannes an ihr studiert hätte, wären seine Beziehungen zur Prager Kanzlei und Johann von Neumarkt, die sein Berufs- und Literatenprofil am entschiedensten geprägt haben, zwanglos erklärt. Allerdings wird Johannes in den ab 1367 erhaltenen Universitätsakten nicht genannt, und Römisches Recht wird in Prag erst ab 1390 gelehrt (ROSENFELD 1981, Johannes S. 104). Die nächstgelegenen Universitäten sind Bologna und Paris. Der *A* enthält Anspielungen auf Paris (ebd. S. 104 ff.), die auf einen Aufenthalt des Autors an dem Ort hindeuten könnten, an dem auch Karl IV. studierte. Berührung mit der Prager Kanzlei dann in einer ersten berufspraktischen Phase?

Rechnet man die bezeugten Daten vorsichtig zurück, kommt man auf ein Geburtsjahr um 1350. Wie vieles in seinem Leben ist auch die Nationalität Johannes' – Deutscher oder Tscheche – unsicher und umstritten. Die wichtigsten Argumente wie Vatername *(Henslin)*, Familienverhältnisse, Sprachbeherrschung, sprachliche und politische Lage an den Wirkungsorten sind in jüngerer Zeit noch einmal konzentriert in der Auseinandersetzung zwischen DOSKOČIL 1961 (Johannes ist Tscheche) und SCHWARZ 1966 (Johannes ist Deutscher) vorgebracht worden (vgl. auch A. BLASCHKA 1962, KROGMANN 1963, A. HRUBÝ 1971, S. 201 ff.). Für seine Laufbahn als städtischer und öffentlicher Notar und Schulrektor bestimmend war sicher, daß Johannes neben dem Deutschen und Tschechischen die lateinische Sprache auf dem stilistischen Niveau der Prager Kanzlei beherrschte.

Die Frage, wie das literarische Werk Johannes' auf seinen Lebensgang zu beziehen sei, ist bisher meist eingeschränkt behandelt worden als das Problem, ob dem Streitgespräch ein wirklicher Todesfall zugrunde liege. Diese Frage und die sich anschließende, welcher Begriff von Literatur dem *A* in der Skala zwischen persönlichem Trostbuch und Stilexperiment zuzulegen sei, sind bis heute ungeklärt (vgl. u. S. 114 ff.). Soviel aber läßt sich sagen: es ist nötig, die Privatbiographie Johannes' zu überschreiten und umfassender nach dem Stellenwert literarischer Tätigkeit für den Berufsstand zu fragen, dem er angehört. Was bedeutet für diese Verwaltungs- und Rechtsfachleute der Kanz-

leien, die Stadtschreiber, Notare, die spezialisiert am Auf- und
Ausbau moderner Administrationen und zum Teil an schulischen Aufgaben mitwirken, literarisches Schaffen, das einerseits
mit ihrer beruflichen 'Schreibtätigkeit' zusammenhängt und es
andererseits überschreitet? Was bedeutet literarische Tätigkeit
für ihr gesellschaftliches Selbstverständnis und ihre Selbstrepräsentation? Hierin ist der *A*-Autor ohne Johann von Neumarkt
nicht zu denken. Beide aber sind frühe Vertreter einer für das
15. und 16. Jh. wichtigen Trägerschicht von Literatur (zu diesem Umfeld U. PETERS, bes. S. 263 ff.).

DIE LITERARISCHE TÄTIGKEIT

Mit der Übersendung des *libellus ackerman* und dem Begleitbrief, der selbst kunstvoll rhetorisch formuliert ist, antwortet Johannes auf die Bitte des Prager Freundes, ihm Neues vom Acker seiner Redekunst zukommen zu lassen (*quia postulabatis nuper per me, de et ex agro rethoricalis jocunditatis ... novitatibus munerari* 7 ff.). Aus der breiteren literarischen Tätigkeit des Saazers, die uns hier bezeugt wird, ist uns allerdings kein Werk erhalten, das dem Streitgespräch an die Seite gestellt werden könnte. Abgesehen von den beruflichen Eintragungen in die Stadt- und Formelbücher, die ihm mit unterschiedlicher Sicherheit zugeschrieben werden (einige ausgewählte Stücke sind abgedruckt, übersetzt und interpretiert bei L. L. HAMMERICH 1964), darunter eine vierzeilige lateinische Strophe auf den Wert der Rhetorik (im verlorenen Breslauer Formelbuch, abgedruckt bei KROGMANN, Ausg. S. 37), begegnet uns Johannes als Autor in einem Hieronymus-Offizium (abgedruckt bei BLASCHKA 1937). Er hatte dieses 1404 für die St.-Niklas-Kirche in Eger gestiftet, in der 1401 ein St.-Hieronymus-Altar neu errichtet worden war. Das Votivbild auf der Vorderseite des ersten Blattes zeigt den Donator (Ausg. KROGMANN nach S. 32; S. 35). Als von ihm selbst verfaßt gelten: die lateinische Dedicatio samt zehn mäßigen deutschen Widmungsversen (abgedruckt auch Ausg. KROGMANN S. 34 f.); die Einführungssätze zur Legende; die *Tu autem*-Interpolationen zu den sechs Lektionen (abgedruckt auch Ausg. KROGMANN S. 36 f.).

Daß Johannes der bisher unbekannte Übersetzer der Bibel ins Deutsche gewesen sein könnte, die der Prager Martin Rotlew in den 80er Jahren veranlaßt und veranstaltet hatte (Rotlew-/Rotleb-, auch Wenzelbibel nach Wenzel IV. von Böhmen), ist eine ungesicherte Vermutung von BARTOŠ (1970).

1961 hat DOSKOČIL noch einmal die These aufgegriffen, Johannes habe nicht nur das deutsche Streitgespräch mit dem Tod verfaßt, sondern auch das tschechische Gegenstück, den 'Tkadlec'/'Tkadleček' (Weber/Weberlein), in dem ein verlassener Liebhaber das Unglück wegen der Untreue seiner Geliebten Adliczka anklagt. Auch er stellt sich als Mann der Feder vor, und zwar in einer Weberallegorie. Die Begebenheit ist auf das Jahr 1407 datiert. Über den Zusammenhang zwischen den beiden Werken ist unten (S. 99 ff.) ausführlicher zu handeln. Argumentationsweise und stilistische Behandlung weichen trotz des gemeinsamen stofflichen und rhetorischen Fundus so deutlich voneinander ab, daß die Annahme eines gemeinsamen Verfassers unwahrscheinlich ist; zudem wird man das Kryptogramm im III. Kapitel des 'Tkadleček', das den Namen Ludvík ergibt, als versteckte Autornennung zu interpretieren haben (dazu BLASCHKA 1962, KROGMANN 1963, ROSENFELD 1981, Tkadleček).

DER ACKERMANN AUS BÖHMEN

A. Der Text

I. Die Entstehung

Bleibt als erhaltene literarische Leistung des Saazers der *A.* Die Umstände seiner Entstehung sind uns nicht bekannt. Das Ereignis, das den Streit auslöst, der Tod der Frau und Mutter, wird im Werk auf den 1. August 1400 (XIV, 14–21) datiert. Gleich, ob es sich dabei um eine biographisch-reale oder um eine gestellte Situation handelt (s. u. S. 115 f.), kann dieses Datum als *terminus post quem* der Entstehung gelten. Der Streit bezieht sich weiter auf das Ereignis als eines, das *nu neulichs* (IV, 4 f.) stattgefunden habe. Dieser internen Zeitangabe läßt sich entnehmen, daß das Streitgespräch nicht lange danach verfaßt sein wird. Vom Jahr 1400 wird aber bereits in der Vergangenheitsform gesprochen (*Des jares, do die himelfart offen was* ... XIV, 14 ff.). Die Forschung datiert das Werk nahezu einhellig auf 1400–1401. Das Begleitschreiben kann nicht zur genaueren Bestimmung beitragen. Sein Datum, der 23. August 1428, ist offensichtlich falsch, wahrscheinlich das Jahr einer Abschrift, da Johannes zu dieser Zeit bereits tot ist. (Zusammenfassend Ausg. KROGMANN, S. 38 ff.)

Keine Zustimmung hat HAMMMERICHS (1964) These gefunden, das Werk sei in zwei Phasen entstanden. Zunächst die ersten 14 Kapitel und das Schlußgebet, „ganz Leid, Trauer und Verzweiflung über den Tod der innig geliebten Frau [den er auf 1393 datiert] ... in einem einheitlichen lyrisch-pathetischen Stil geschrieben" (S. 57). Später angefügt die Kapitel 15–32, die einen weiteren Blick, eine didaktische, philosophische Haltung und einen freieren, beweglicheren, registerreicheren rhetorischen

Stil zeigten. Dazwischen stünden die distanzierenden Erfahrungen einer 'italienischen Reise' von 1401 und eine Wiederverheiratung. Gegenargumente sind bei G. JUNGBLUTH (1968, bes. S. 153) zusammengestellt, dessen eigene These (S. 153 ff.) im Auge zu behalten ist, zumindest in der Form, daß wir mit Überarbeitungsstufen durch Johannes selbst rechnen müssen. JUNGBLUTH geht aus vom Überlieferungsbefund. Der Autor habe einen ersten, „teilweise gröblichen Entwurf" des Streitgesprächs hergestellt, der dennoch „irgendwann" zur Verbreitung gelangte, und ihn danach bearbeitet. Diese Bearbeitung ist uns, wenn auch „nur in unvollkommenem Zustand", in der Hs. H überkommen, die in der Überlieferung eine Sonderstellung (Sonderlesarten usw.) einnimmt. Diese Überarbeitung war es, die der Saazer dem Prager Freund mit Begleitschreiben übersandte. JUNGBLUTH versteht *(cum libello ackerman) de nouo (dictato)* als „von neuem, wiederum" und sieht darin die Überarbeitung bezeugt; „keineswegs" könne *de nouo* „neulich, kürzlich" (so HEILIG und andere) bedeuten. WALSHE (Ausg. 1982, Sp. 6) macht jedoch darauf aufmerksam, daß gerade letzteres dem Sprachgebrauch des Saazers entspricht: Johannes bezeichnet in der erwähnten Dedicatio den neu errichteten Hieronymus-Altar in Eger als *de nouo erectum*.

Zuletzt hat ROSENFELD (1981; bereits auch in beiden Aufsätzen von 1980) den Entstehungsvorgang des Werkes genauer zu beschreiben versucht. Er schließt sich HRUBÝS Postulat und Rekonstruktion eines „Urackermann" (s. u. S. 99 ff.) an, weist diesen aber entgegen HRUBÝ dem Verfasser des überlieferten *A* zu. Gegen 1370 von der Universität zurückgekehrt, habe „der frisch gebackene Pariser Magister" (S. 117) dem Vater seinen Dank für das Studium mit einem Werk erstattet, einer lateinischen Disputation, in der sich der „jugendliche Schwung" paart „mit dem ganzen gelehrten Apparat scholastischer Autoritätsbeweise, peripatetischer Spekulationen und philosophisch-theologischer Streitfragen der Pariser Universität" (S. 118), die zugleich aber auch den Tod der Mutter zum Anlaß und die Tröstung des verwitweten Vaters zum weiteren Zweck hat (S. 118;

auch BLASCHKA 1962 läßt Johannes, allerdings im überlieferten *A, in persona patris* klagen). Gut 30 Jahre später dann habe „der reife durch die Praxis des Lebens gegangene Mann" unter dem unmittelbaren Eindruck des Todes seiner eigenen Frau sein Jugendwerk umgearbeitet *(de nouo dictato),* dabei weitgehend den „scholastischen Ballast", der ihm nun „schal" erscheinen mußte, ausgeschieden und der Toten ein „Ehrengedächtnis" gestiftet, „bei dem er die rhetorisch-stilistischen Raffinessen der lateinischen Sprache ins Deutsche übertrug" (S. 121). Diese Vorstellung steht und fällt mit HRUBÝs These; fraglich für die Zeit und Literatur um 1400 ist darüber hinaus die Ableitung des Werkcharakters aus entwicklungspsychologischen Kategorien.

II. Überlieferung und Frührezeption

Überlieferung. Der *A* ist uns in 16 vollständigen und unvollständigen Handschriften (A–Q) und 17 alten Drucken (a–n) überkommen. Zu den Handschriften muß ein Anfangsfragment hinzugenommen werden, das im Cgm 252, Bl. 176^v, der Bayerischen Staatsbibliothek München überliefert ist, eine Titelangabe, die nahezu identisch mit der in D ist, wie in D eingerückt nach Steinhöwels 'Griseldis' und Wyles 'Guiskard', wie D geschrieben von Bollstatter im Jahr 1468 (K. SCHNEIDER [statt *clůg* ist *clůger* zu lesen]; dazu W. RÖLL). Ich gebe JUNGBLUTHS Aufstellung (Ausg. 1969) mit Berichtigungen, Ergänzungen, Erweiterungen (kursiv); für die Drucke sind dabei MENGES Angaben (Ausg.) beigezogen; erschlossene Daten in [ ].

A = Stuttgart, Württembergische Landesbibliothek, Cod. HB X 23, 2^r–18rb. 1449. Ehestens ostmitteldeutsch. Vollständig.

B = Heidelberg, Universitätsbibliothek, Cod. pal. germ. 76, 2^r–32^v, mit 35 Bildern. Um 1480. Schwäbisch. Vollständig.

C = Stuttgart, Württembergische Landesbibliothek, Cod. HB X 22, 238^r–263^v. Um 1470. Schwäbisch-bayerisch. Unvollständig.

D = Wolfenbüttel, Herzog-August-Bibliothek, Hs. 75. 10. Aug., 84ra–107r. 1468. Schwäbisch-bayerisch. Vollständig. *Anfangsfragment aus Cgm 252 (s. o.).*
E = München, Bayerische Staatsbibliothek, Clm 27 063, 165r–166v. Ausgehendes 15. Jahrhundert. Bayerisch. Unvollständig.
F = München, Bayerische Staatsbibliothek, Clm 17 662, 44ra–51ra. 1467. Bayerisch. Vollständig. (Abschrift von G).
G = München, Bayerische Staatsbibliothek, Clm 8445 (Monac. August. 145), 239ra–244ra. 1463. Bayerisch. Vollständig.
H = München, Bayerische Staatsbibliothek, Cgm 579, 40r–55ra. Um 1465. (SCHWENK *S. 399 f.: nicht vor 1470*). Ehestens ostmitteldeutsch. Vollständig.
I = Karlsruhe, Badische Landesbibliothek, Hs. St. Georgen 70, 89ra–106rb. 1475 oder 1485. Alemannisch. Vollständig.
K = Karlsruhe, Badische Landesbibliothek, Hs. St. Blasien 11, 89ra–106vb. Ausgehendes 15. Jahrhundert. Alemannisch. Unvollständig.
L = In zwei Teilen überkommen. L₁ (cap. 1–19, 23): München Privatbesitz (Familie Bernt), 137r–148vb; L₂ Bruxelles, Bibliothèque Royale, Inventar Nr. 1634–35, 149ra–159vb *(nach Bleistiftpaginierung 19. Jh., als die Teile noch vereinigt waren)*. Etwa 1460–1470. Alemannisch. Unvollständig.
M = Berlin, Staatsbibliothek, Ms. germ. 4° 581, 2r–36v. Um 1500. Schwäbisch. Vollständig.
N = Berlin, Staatsbibliothek, Ms. germ. 4° 763, 151v–182v. 1470. Bayerisch-fränkisch. Lückenhaft.
O = Zürich, Stadtbibliothek, Mscr. B. 325, 98ra–109vb. Letztes Viertel des 15. Jahrhunderts. Schwäbisch-bayerisch. Unvollständig.
P = Jena, Universitätsbibliothek, *Sag. f. 13*, 2r–17r, mit 5 Bildern. Um 1470. Schwäbisch. Vollständig.
Q = Innsbruck, Universitätsbibliothek, Hs. Nr. 60, 231–247. Um 1470. Bayerisch. Vollständig.
a = Bamberger Pfisterdruck, ohne Angabe von Drucker, Druckort und Jahr, 2r–24v, mit 5 Holzschnitten. Etwa 1463. Vollständige Exemplare in 1. Wolfenbüttel, Herzog-August-Bibliothek, 16. 1. Eth.; 2. Paris, Bibliothèque Nationale, A 1646 (1), Exposition 52; 3. Berlin, Staatliche Museen, Kupferstichkabinett, Nr. 2616.

Bruchstücke in 1. Bamberg, Staatliche Bibliothek, VI. F. 4; 2. Manchester, John Ryland's Library. Eine Abschrift Gottscheds: Dresden, Öffentliche Bibliothek, M. 181 (vormals M. 90). Ostfränkisch-bambergisch.

b = Bamberger Pfisterdruck, ohne Angabe von Drucker, Druckort und Jahr, 2r–23v, ursprünglich mit 5 Holzschnitten, die aus dem vorliegenden, einzigen Exemplar: Wolfenbüttel, Herzog-August-Bibliothek, 19. 2. Eth., frühzeitig herausgeschnitten worden sind. Etwa 1460. Ostfränkisch-bambergisch. Unvollständig.
c = [Straßburg: *Heinrich Eggestein* 14]74.
d = [Basel: *Martin Flach, um 1474*].
e = [Basel: *Martin Flach* 14]74.
e^1 = [Basel: *Martin Flach* 14]73. (= KROGMANN o).
e^2 = [Basel: *Martin Flach* 14]74. (= KROGMANN p).
f = [Leipzig: Konrad Kachelofen, um 1490].
g = Augsburg: Anton Sorg [14]84.
g^1 = JUNGBLUTH: [Augsburg, um 1480]; MENGE: *[Ulm: Lienhard Holle, um 1483/84]*. (= KROGMANN q).
h = Heidelberg: Heinrich Knoblochtzer [14]90.
i = Straßburg: Johannes Schott 1500.
j = [Straßburg: *Heinrich Knoblochtzer* 14]77. (= KROGMANN r).
k = Straßburg: Matthias Hüpfuff 1502.
l = Straßburg: Martin Flach 1520.
m = Basel: Rudolf Deck 1547.
n = Straßburg: [um 1520–1543].

Die Drucke c–n stammen über e^1 sämtlich von der Überlieferung I ab.

Die Handschriften und Drucke sind in der Ausg. BERNT/ BURDACH, soweit 1917 bekannt, beschrieben. Zu ergänzen ist die Beschreibung von Q durch L. JUTZ; von L_2 durch KROGMANN 1957; von e^1 durch MENGE (Ausg.). Ausführliche Angaben auch bei KROGMANN (Ausg. S. 57 ff.).

Die Überlieferung kann hier nur in allgemeinster Form charakterisiert werden. Erhalten ist sie erst ab der 2. Hälfte des 15. Jh. (älteste Hs. A von 1449), und sie läuft aus in der 1. Hälfte des 16. Jh. (Druck m von 1547). Die Überlieferungslücke von nahezu 50 Jahren, der Verlust älterer Zeugnisse also, wird in der Forschung in der Regel mit den hussitischen Wirren begründet, ebenso die lokale Verteilung: keine böhmische Überlieferung. Die Handschriften sind auf den oberdeutschen (alemannischen, schwäbischen, bayerischen) Sprachraum konzentriert; nur A und H zeigen noch sprachliche Verbindung mit Eger (SKÁLA 1965, S. 65). Die Drucke sind überwiegend in Basel und Straßburg hergestellt und wohl auch in diesem Umkreis vertrieben worden. Zu den Ausnahmen gehören die beiden Bamberger Drucke Albrecht Pfisters (b, a), die zu den ältesten mit Holzschnitten zählen. Schließlich: gemeinsame Fehler der erhaltenen Überlieferung zeigen, daß bereits ihr Ausgangspunkt verderbt war.

Frührezeption. Die Untersuchung der frühen Rezeption des A (15., 16. Jh.) gehört zu den dringenden Aufgaben der Forschung. Sie ist bereits in der Ausg. BERNT/BURDACH allgemein (S. 3 f.) und durch Hinweise bei der Beschreibung der Überlieferung gefordert, in jüngerer Zeit durch MENGE (Ausg.), der für den Druck e^1 Materialien unter einschlägiger Fragestellung anregend bereitstellt. Wichtigster Quellenbereich ist die Überlieferung des Textes, die Dauer, die Region und besonders die Form, in der er geboten wird (von der Titelgestaltung bis zur einzelnen Lesart); weiter der Kontext, in den er gerückt ist, soweit dieser nicht zufällig ist, sondern programmatische Züge aufweist, der Kontext in Sammelhandschriften also sowie im 'Verlagsprogramm' von Druckern. Hinzuzunehmen ist die „mittelbare Überlieferung" des A, wie sie KROGMANN (Ausg. S. 75 ff.) aufgelistet hat, seine Wirkung auf andere Texte vom 'Tkadleček' bis zur Predigt. Zu fragen wäre, als was dieses offensichtlich beliebte Werk von wem aus welchem Bedürfnis und in welchem Gebrauchszusammenhang gehört und gelesen wurde, wie es zeitlich und regional zu den literarischen Strömungen und deren breiterem geschichtlichen Umfeld steht. Lassen sich aus dieser frühen Rezeptionsweise auch Schlüsse auf die Intention des Autors ziehen? Sie ist auf jeden Fall wichtiges Element im literaturgeschichtlichen Gesamtbild des Zeitraums. Schon ein erster Blick auf das Material zeigt allerdings, daß wir nicht mit einförmigen und eindeutigen Ergebnissen rechnen dürfen. Das Sinn- und Formpotential des Werkes ermöglichte offensichtlich, daß es sehr unterschiedlichen Interessen dienen konnte. Lesenswert scheint vor allem der Inhalt gewesen zu sein, das Todesthema, allerdings weniger als theologisch-philosophisches Problem denn als geeigneter Fall für klerikal-seelsorgerliche Bemühung (MENGE Ausg. S. VI), klösterliche Erbauungslektüre und unterhaltend-belehrend-tröstlichen Laiengebrauch (ROSENFELD 1980: „spätmittelalterliches Volksbuch"). Das Interesse an der Form scheint sich weitgehend auf den Streitgesprächs- und Prozeßcharakter als Reiz- und Lehrformen beschränkt zu haben und nur gelegentlich von (humanistischen) ästhetischen Impulsen getragen zu sein.

III. Editionsgeschichte und Editionen

Schon der Überblick über die Überlieferung, die von einem bereits verderbten Archetyp ausgeht, kann die Schwierigkeit der Textherstellung erklären. Seit der grundlegenden Akademieausgabe A. BERNTS und K. BURDACHS von 1917 sind nicht weniger als acht selbständige kritische Editionen und eine Vielzahl textkritischer Untersuchungen erschienen. Bei allem Fortschritt in einzelnen Punkten, wie ihn etwa die Korrektur der Blattversetzung im Schlußgebet und die Wiederherstellung des Akrostichons durch KROGMANN (1953) darstellen – einen allgemein akzeptierten Text hat weder die stemmatologische Aufschließung der Überlieferung, noch eklektische Auswertung nach bestimmten Qualitätskriterien, noch das modifizierte Leithandschrift-Prinzip erbracht. Im Mittelpunkt des Interesses standen vor allem die Hss. H, E, A und B sowie der 'Tkadleček'. „Trotz der stattlichen Reihe von Handschriften und Drucken ist ein befriedigender Text nicht nur nicht erreicht worden, ein solcher Text *kann* mit dem uns heute zur Verfügung stehenden Material nicht erreicht werden ... Und so kommt es zum paradoxen Fall, daß kaum ein anderes Werk der deutschen Literatur, mit

Einschluß der großen Klassiker, so oft herausgegeben wurde, ohne daß eine dieser Ausgaben eine auch nur relative Endgültigkeit beanspruchen kann ...", beurteilte M. O'C. WALSHE 1975 (S. 282) die Lage und hat für die geplante, inzwischen (1982) erschienene erneute Ausgabe die begrenzte Hoffnung, daß sie einem bestmöglichen Text „vielleicht doch noch etwas näher kommen mag" (S. 292); „es ist ganz einfach der gleiche Dichter nicht mehr", der uns in den verschiedenen Ausgaben entgegentritt, hat JUNGBLUTH (1968, S. 147) zugespitzt die Situation gekennzeichnet. Insbesondere wird sich die genauere sprachliche Gestalt des spät und andernorts überlieferten Werks nie erreichen, sondern nur in grober Annäherung festlegen lassen (s. u. S. 29 ff.). Damit entzieht sich aber auch die rhythmische Gestalt dieser Prosa, auf die der Autor nicht nur am Satzschluß (Cursus) Wert legte, einer sicheren Bestimmung. Auch ist der Bereich des Stilistischen in den Handschriften und Drucken offensichtlich nicht mit der Sorgfalt tradiert worden, mit der ihn Johannes ausgestaltete. Was dagegen den Aufbau der einzelnen Reden und den Ablauf des Streitgesprächs anlangt, kann der Text als weitgehend gesichert gelten. Auf einzelne textkritische Probleme, auch wenn sie den Sinn von ganzen Sätzen und Passagen berühren, kann hier nicht eingegangen werden. Die wichtigsten Beiträge sind im Verfasserlexikon (HAHN ²1982, Bd. 4, Sp. 772) zusammengestellt. Ich charakterisiere die kritischen Ausgaben ab 1917 in chronologischer Folge, um ihren Wert für den Gebrauch heute aufzuzeigen und die Editionsgeschichte wenigstens in Umrissen sichtbar werden zu lassen. KNIESCHEKS Ausgabe von 1877 beruht auf unzulänglichem handschriftlichen Material und ist vom Versuch geprägt, die Priorität des *A* gegenüber dem 'Tkadleček' zu erweisen. Die Geschichte der Textherstellung und -kritik behandeln zusammenhängend (u. a.) KROGMANN (1944/45 und 'Untersuchungen' 1953–1957), HAMMERICH/JUNGBLUTH (Ausg. Heidelberg 1951), H. THOMAS (in HÜBNER Ausg. ²1954), A. SCHIROKAUER (1954), WALSHE (Ausg. 1982). I. BACON (1956) stellt die vorgeschlagenen Stammbäume (bis Ausg. WALSHE 1951) übersichtlich zusammen.

A. BERNT/K. BURDACH 1917 („Akademieausgabe")
Die erstmalige stemmatologische Aufschlüsselung der gesamten Überlieferung (außer P, Q) und der daraus erhobene Text sind, besonders durch HAMMERICHS (1934, 1938), auch HÜBNERS (1937, Überlieferung) Kritik, überholt. Die ausführliche Kommentierung im Textband und in einem eigenen Kommentarband (BURDACH 1926–1932) hat nur noch in Einzelfällen Erklärungswert für den Text selbst, steckt aber anregend ein weites geistesgeschichtliches Umfeld ab. Auf die ausführlichen Beschreibungen der Handschriften und Drucke muß noch heute zurückgegriffen werden. Glossar, Proben aus m, G. – Der Text wurde 1929 von BERNT noch einmal herausgegeben.

A. HÜBNER 1937, ²1954, ³1965
Resignation gegenüber einer Stammbaum-Lösung, aber auch Skepsis gegenüber HAMMERICHS Favorisierung von H, im Akademievortrag von 1937 (Überlieferung) formuliert, führt zu einer eklektischen Textherstellung nach „Qualitätsgruppen" von Hss. (bes. nach H, E, A, B) unter starker Berücksichtigung von Stilkriterien. Ab ²1954 Nachträge durch THOMAS.

E. GIERACH 1943
mit E. G. KOLBENHEYERS Übertragung. Einzelkorrekturen an HÜBNER.

K. SPALDING 1950
Englische Studienausgabe, die ihren Text ohne textkritischen Sonderanspruch aus den vorliegenden Ausgaben und Abhandlungen gewinnt, im wesentlichen HÜBNERS Weg folgend. Einführung, Kommentar, Glossar, Textproben aus Handschriften und Drucken.

L. L. HAMMERICH/G. JUNGBLUTH I 1951
HAMMERICHS (1934, 1938) Bevorzugung von H wird zurückgenommen, ein neuer Stammbaum entworfen. Die *lant*-Gruppe (nach I, 1: *Grimmiger tilger aller lant/leut* ...) vertreten durch E und den 'Tkadleček', der immer stärker ins textkritische Interesse rückt, stellt gegenüber der *leut*-Gruppe die ältere und bessere Überlieferung dar und liefert den Text, allerdings nur bis Kap. 14. Dort bricht E ab, und der 'Tkadleček' entfernt sich zunehmend vom 'Ackermann'. Der weitere Text basiert vornehmlich auf A, B. H, zwischen den beiden Gruppen, bleibt den Herausgebern die „Sphinx" der Überlieferung. Eine breite, grundlegende philologische Einleitung, 2 Apparate, vollständige Bibliographie, Glossar. Der angekündigte zweite Band, der

vor allem einen Sachkommentar enthalten sollte, ist nicht erschienen.
– Der Text ist mit einigen Änderungen 1951 auch als Studienausgabe
erschienen.

M. O'C. WALSHE 1951
Englische Studienausgabe. Der Text BERNTS/BURDACHS wird korrigiert nach den Lesarten von H, E, A, B, deren Qualität sich aus einem neuen Stemma ergibt, vor allem aber vom 'Tkadleček' her, der dem Herausgeber als Vertreter einer verlorenen 'Ackermann'-Handschrift gilt, die, unabhängig von der gesamten übrigen Überlieferung, dem Original am nächsten stand. Einleitung, Kommentar, Glossar.

W. KROGMANN 1954, 41978
KROGMANNS Verdienst bleibt es, auf den textkritischen Wert des 'Tkadleček' für den 'Ackermann' aufmerksam gemacht zu haben (1944/45 sowie in den 'Untersuchungen' 1953–1957), auch wenn man seinem abschließenden Urteil und den Konsequenzen für den Text nicht zu folgen vermag: der 'Tkadleček' „darf praktisch mit der Urschrift gleichgesetzt werden, selbst wenn zwischen ihr und dieser noch eine Abschrift liegen sollte. Jede durch die tschechische Bearbeitung gestützte Lesart darf als ursprünglich gelten." (Ausg. S. 83) Der 'Tkadleček' liefert Wertkriterien für die deutsche Überlieferung, die zwar neu stemmatologisch aufgeschlüsselt, aber wie bei HÜBNER bewußt eklektisch behandelt wird. Wichtige breite Einführung und Kommentierung, ausführliche Beschreibung der Überlieferung, auch der indirekten in vom 'Ackermann' beeinflußten Werken, Glossar, Bibliographie in Sachgliederung.

G. JUNGBLUTH I 1969
Der Herausgeber kehrt zur früheren Favorisierung von H durch HAMMERICH (1934, 1938) zurück. Diese Handschrift repräsentiert, wenn auch nicht unverfälscht, eine zweite 'Ackermann'-Fassung Johannes'. Sie soll auf der Grundlage von H hergestellt werden. Zwei Apparate, Glossar, Kapitel I und V des 'Tkadleček' in deutscher Übersetzung. – JUNGBLUTH († 1976) konnte den geplanten zweiten Band nicht mehr zur Veröffentlichung bringen. R. ZÄCK hat sich der verdienstvollen Aufgabe unterzogen, ihn 1983 aus dem Nachlaß herauszugeben. Wir haben mit ihm den umfangreichsten Kommentar, Stand 1976, vorliegen, der textkritische Erwägungen zu Einzelstellen, Worterklärungen, Erklärungen grammatischer und stilistischer Er-

scheinungen und eine Fülle von Hinweisen auf Quellen und Parallelstellen, nicht zuletzt auch zum 'Tkadleček', enthält; dazu Corrigenda zu Band I; Nachträge zur Bibliographie von I und deren Fortführung bis einschließlich 1981; Personen- und Sachregister; ein sehr nützliches Quellenregister (zusammengestellt von CH. KRYST). Nicht enthalten ist die in I, S. 9 angekündigte philologische Begründung der editorischen Grundentscheidungen; vorweggenommene Überlegungen dazu in der Bonner Antrittsvorlesung (1968).

M. O'C. WALSHE 1982
JUNGBLUTHS Rückwendung kritisierend, eigene Überlegungen seit 1957 neu aufgreifend, entwickelt der Herausgeber die Stemmata BERNTS/ BURDACHS und HAMMERICHS/JUNGBLUTHS weiter. Sein eigenes zeigt den 'Tkadleček' und E (HAMMERICHS/JUNGBLUTHS *lant*-Gruppe) in größter Nähe zum Original. Die irritierende Gestalt von H wird so erklärt, daß in eine der Gruppe Lγ zugehörige vorausgehende Fassung ein sehr guter, nicht erhaltener Zeuge der *leut*-Gruppe (nicht der *lant*-Gruppe, wie HAMMERICH/JUNGBLUTH vorgeschlagen hatten), in der Qualität dem 'Tkadleček' und E vergleichbar, korrigierend eingearbeitet worden sei. Englische Ausgabe mit Einführung, zwei Apparaten, wobei der Überlieferungsapparat dem Abdruck von E, H beigegeben ist, Kommentar, die 'Tkadleček'-Parallelen mit englischer Übersetzung, Glossar.

In seiner Dissertation über Niklas von Wyle hat SCHWENK anregend über die 'Ackermann'-Handschrift H gehandelt und eine genauere Untersuchung angekündigt. Die Verhältnisse der Wyle-Überlieferung gestatten, den Umgang des H-Schreibers mit einer Vorlage genauer zu beschreiben, und daraus folgt überraschend, daß so Unterschiedliches wie Flüchtigkeit bei der Abschrift und kluge Emendierung, das HAMMERICH und andere verschiedenen Tradierungsstufen zuweisen zu müssen glaubten, durchaus die Arbeitsweise dieses einen Schreibers kennzeichnet.

Die Überlieferungslage einerseits, die die Wiederherstellung des Originals als hoffnungslosen Versuch erscheinen läßt, die Forderung andererseits, die frühe 'Ackermann'-Rezeption in tatsächlich einmal gelesenen Textformen zugänglich zu machen, hat MENGE (Ausg.) veranlaßt, den Druck e^1 aus dem oberrheinischen Rezeptionszentrum als Faksimile mit wichtigen Angaben über die Drucküberlieferung vorzulegen. Als Faksimilia oder Abdrucke liegen weiter vor: a (BERNT 1919), c (A. SCHRAMM 1924), H (BERNT/KLETZL 1925), H und E (Ausg. WALSHE 1982); Teilabdrucke von m, G (Ausg. BERNT/BURDACH 1917), Proben (Ausg. SPALDING). Eine Faksimile-Ausg. des gesamten handschriftlichen Corpus haben R. R. ANDERSON und J. C. THOMAS angekündigt.

IV. Hilfsmittel der Ackermann-Forschung

Bibliographie. Die *A*-Literatur ist in chronologischer Folge bis 1968 nahezu vollständig im Band I der Ausgabe JUNGBLUTH (1969) verzeichnet; Band II bringt Nachträge und führt bis 1981 fort, ohne allerdings Vollständigkeit anzustreben. Eine umfangreiche Bibliographie in Sachgruppen bietet die Ausgabe KROGMANN (1954). An Auswahlbibliographien jüngeren Datums seien genannt F. H. BÄUML (1960), SICHEL (1971), R. NATT (1978), Verfasserlexikon (HAHN ²1982). H. PFEFFERL (Marburg) bereitet einen *A*-Band für die 'Bibliographien zur deutschen Literatur des Mittelalters' vor.

Forschungsberichte. Mehr als ein Forschungsbericht, nämlich eine Geschichte der *A*-Forschung, die bis auf die frühe *A*-Rezeption des 15. und 16. Jh. zurückgreift, liegt in SICHELS Buch von 1971 vor, das durch umfassende Sachkenntnis, Urteilskompetenz und Anregungsfähigkeit geprägt ist. Es wäre zu wünschen, daß dieses italienische Werk durch Übersetzung ins Deutsche oder Englische – eventuell mit Ergänzungen bis zur Gegenwart – breiter zugänglich gemacht würde. Zeitlich und zum Teil auch thematisch begrenzt sind die Berichte von E. A. PHILIPPSON (1941), E. TRUNZ (1941/42), BACON (1956), BÄUML (1958), JUNGBLUTH (1965, 1968), W. BLANK (1965). Zur Editionsgeschichte vgl. auch o. S. 15. Breitere forschungsgeschichtliche Einleitungen enthalten die Untersuchungen von E. BUCHTMANN (1960), CH. VOGT-HERRMANN (1962), NATT (1978), auch die Sammlung von *A*-Aufsätzen, die SCHWARZ (1968) für die 'Wege der Forschung' herausgegeben hat.

Glossare. Ein alphabetisch angeordnetes umfassendes Wortregister (Artikel u. ä. inbegriffen) zu zehn wissenschaftlichen *A*-Ausgaben von

KNIESCHEK (1877) bis JUNGBLUTH (1969) bieten ANDERSON/THOMAS (1973). Wünschenswert wäre zur Ergänzung ein Register zur handschriftlichen und Drucküberlieferung. Glossare enthalten die Ausgaben BERNT/BURDACH, HAMMERICH/JUNGBLUTH, KROGMANN, JUNGBLUTH (1969), knappe Wörterverzeichnisse mit englischer Übersetzung die Ausgaben SPALDING, WALSHE (1951, 1982).

Kommentare. Den ausführlichsten Kommentar zu textkritischen, sprachlichen, literarischen, Sach- und Quellenproblemen bietet Band II der Ausgabe JUNGBLUTH (hrsg. ZÄCK 1983). Kommentare unterschiedlichen Umfangs bieten weiter die Ausgaben KROGMANN, SPALDING, WALSHE (1951, 1982), auch BERNTS/BURDACHS Kommentarwerk kann, kritisch verwendet, noch immer mit Nutzen beigezogen werden. Die literarisch-rhetorischen Mittel kommentiert ausführlich BÄUML (1960).

Übersetzungen verschiedener Textfassungen ins neuere Deutsch und in fremde Sprachen, die von der rhythmus- und stilgetreuen Nachahmung bis zur Versfassung und Bühnenbearbeitung reichen, verzeichnet die Ausgabe KROGMANN S. 251 f.; Ergänzungen im Verfasserlexikon Band 4, Sp. 767 (HAHN ²1982). Für die erste Einarbeitung ist F. GENZMERS Übertragung von Nutzen, in der allerdings die Textverstellungen im Schlußgebet noch nicht korrigiert sind.

Einführungen zu Autor und Werk enthalten die Ausgaben SPALDING, WALSHE (1951, 1982), ausführlich KROGMANN. Auf Darstellungen in Literaturgeschichten, Handbüchern und Lexika, zuletzt Verfasserlexikon (HAHN ²1982), kann hier nur global verwiesen werden. Eine zusammenfassende Würdigung jüngeren Datums bietet HRUBÝ (1977).

B. Die Deutung des Texts

I. Kurzbeschreibung

Der Autor legt seinem Streitgespräch den Fall zugrunde, daß eine junge Frau und Mutter stirbt. Als Ort ist Saaz in Böhmen benannt, als Zeitpunkt das Jahr 1400. Der Witwer, der sich als ein Ackermann vorstellt, der einen Pflug aus Vogelkleid handhabt, als Mann der Feder also, zieht den Tod zur Rechenschaft. In 32 rhetorisch ausgefeilten Reden ergreifen abwechselnd der Witwer und der personifizierte Tod das Wort. Der Autor hat für die Begegnung keine Szenerie entworfen; die Figuren sind nur in ihren Reden gegenwärtig. Das Gespräch überschreitet den konkreten Anlaß und weitet sich aus zur Frage nach dem Verhältnis von Leben und Tod in der Ordnung der Welt: Was ist und bedeutet der Tod angesichts dessen, daß es Leben gibt; was ist und bedeutet Leben angesichts des *fatum mortis jneuitabile* (Widmungsbrief 13)? Es ist streckenweise in der Terminologie eines Prozesses formuliert, etwa wenn es der Ackermann zeterschreiend mit einer verschärften Mordanklage eröffnet. Im 33. Kapitel spricht Gott selbst das Urteil. Er wird in einem abschließenden Gebet, das die Attribute seiner Göttlichkeit prunkvoll entfaltet, für das Seelenheil der verstorbenen *Margret* angerufen.

Mit diesen wenigen äußerlichen Angaben ist im Grunde schon dargelegt, worüber Konsens in der Deutung des Werkes besteht. Die meisten weitergehenden Bestimmungen sind bis heute umstritten. Ich führe die Grundprobleme in doppelter Weise vor. Zuerst in einem knappen forschungsgeschichtlichen Überblick, in dem diejenigen Arbeiten charakterisiert werden, die Wendepunkte markieren und ohne deren Kenntnis die heutige Diskussion nicht verständlich ist. Danach fasse ich den heutigen Forschungsstand zu diesen Grundproblemen zusammen.

II. Phasen der Deutung

J. CHR. GOTTSCHED schreibt sich einen Pfisterdruck des *A* in Wolfenbüttel ab und veröffentlicht Proben im 'Neuen Büchersaal'; G. E. LESSING kennt diesen Druck und die Handschrift D; F. H. VON DER HAGEN veröffentlicht den *A* unkritisch, „erneuert" (1824), KNIESCHEK zum erstenmal kritisch (1877); G. G. GERVINUS (1853) und W. SCHERER (1883) führen das Werk in ihren Literaturgeschichten, das auch bei weiteren deutschen und tschechischen Forschern des 19. Jh. Aufmerksamkeit findet.

BURDACHS *Renaissance-'Ackermann'*. Die eigentliche Geschichte seiner Erforschung aber, in der zugleich die heutige

Hochschätzung des *A* als einer „in jeder Hinsicht einzigartigen Schöpfung" begründet wird, eröffnen BURDACHS Untersuchungen ab der Jahrhundertwende, die in der besprochenen Akademieausgabe BERNTS und BURDACHS gipfeln (Zitat S. VI; weitere Werturteile R. NATT S. 3 ff.). Sie stehen im größeren Rahmen des Projekts 'Vom Mittelalter zur Reformation'. Für die neuhochdeutsche Schriftsprache, deren Entstehung er verfolgen will, sieht BURDACH den Grund gelegt in der Sprache und den sprachreformerischen Bemühungen der böhmischen königlichen Kanzlei. Ihr Nährboden ist die „kirchliche, staatliche, wissenschaftliche, literarische Kultur" (BURDACH 1926–32, S. XXV), die Karl IV. im Kreis bedeutender Männer in Prag geschaffen hat. Aus ihnen ist der langjährige Kanzler Johann von Neumarkt herauszuheben. Diese böhmische Kultur des 14. Jh. trage zwar den „Stempel des Übergangs" (S. XXVI) vom Mittelalter zur Neuzeit; als geschichtsträchtig zu betonen aber sei ihr bahnbrechender frühhumanistischer Charakter italienischer Prägung. „Als Mittler erwies ich Johanns [v. N.] Bewunderung und genaue Kenntnis *Dantes,* seinen freundschaftlichen Verkehr und Briefwechsel mit den Führern der italienischen Renaissance, *Rienzo* und *Petrarca,* die beide in Böhmen selbst sich eine Zeit lang aufhielten und so persönlich wirkten, seine zwei Italienfahrten im Gefolge des Kaisers..." (S. XXXI f.). Als Erfüllung dieser sprachlich-kulturellen Bemühungen und als Beweis für ihren Rang erschien BURDACH der *A,* dessen Dichter „dieses in der Kanzlei empfangene Ideal sprachlicher Kunst mit vollendeter Meisterschaft in einer dichterischen Schöpfung größten Wurfes gestaltet" (S. XXXIII). Vertreter des neuen Geistes und der Anschauung des Autors ist die Klägerfigur. „Der Kläger Ackermann vertritt ... den Glauben an die ursprüngliche unzerstörbare Güte des gottgeschaffenen Menschen, an seinen Vorrang vor allen anderen Kreaturen, an seine Freiheit und Schönheit, seine Gottebenbildlichkeit, seine zum Himmel gerichtete Vernunft. Ihm ist das Leben und das Schaffen nicht unfruchtbare Mühsal auf einem verfluchten Acker, sondern eine *festliche Freude,* ein *sorgloses Wirken.* Er ist ein Lebensbejaher, ein Diesseitsverehrer, er steht mit festen Füßen im Menschlich-Irdischen, und er sieht es im Glanz seines göttlichen Ursprungs. *Aus ihm spricht die religiöse Weltgesinnung der jungen Renaissance: er ist im schönsten und reinsten Sinn ein Humanist."* (BURDACH 1933, S. 162.) Sein Programm, das nach BURDACH auch frühreformatorische Züge trägt (Fehlen des Fegefeuers, der Institution Kirche, der Anrufung Marias und der Heiligen), schleudert er als Vertreter der Menschheit, wenn auch noch tragisch erfolglos, einem Tod entgegen, der für die Welt- und Lebensfeindlichkeit des zu Ende gehenden Mittelalters steht. – Seine Ergebnisse gewinnt BURDACH, indem er einzelne Stellen des Werks kommentierend in weitestgespannte geistesgeschichtliche Zusammenhänge einordnet, zeitlich von der Antike bis zur Gegenwart, regional über Böhmen und Deutschland hinaus bis England ('Piers Plowman') und Italien, mit deutlicher Bevorzugung des frühhumanistischen, renaissancehaften und frühreformatorischen Einflußbereichs.

BURDACHS sprach- und kulturgeschichtliche („bildungsgeschichtliche") Rahmenvorstellungen sind überholt. Die sprachpflegerischen Bestrebungen der Prager Kanzlei sind durch die politischen Ereignisse und Folgen der Hussitenzeit isoliert geblieben und abgebrochen. Die Schwierigkeit, mittelalterliche und humanistische wie renaissancehafte Kulturelemente im 14. Jh. klar definieren, scheiden und gewichten zu können, zeigt gerade der Hof Karls auf, der neben den Italienern einen Autor wie Heinrich von Mügeln mit Hochschätzung beherbergte; der Kanzler preist Frauenlob nicht weniger als Petrarca. BURDACHS Werkdeutung ist zu einseitig und, was die Methode geistesgeschichtlicher Stellenkommentierung anlangt, bereits dadurch in Frage gestellt, daß E. SCHAFFERUS 1935 bei gleichem Vorgehen zum entgegengesetzten Ergebnis kommen konnte: „So ergibt sich ein einheitliches Bild der Dichtung: ein zeitloses Problem – das Problem des Todes – ist aus mittelalterlicher Gedankenwelt geschaut, mit mittelalterlichen Kunstmitteln – wie sie der Entstehungszeit der Dichtung auch entsprechen – geformt und im mittelalterlichen Sinne des Patriarchalismus und der thomistischen Lehre gelöst worden" (S. 237). Dennoch: die Intensität der *A*-Forschung bis heute, die Richtung, die sie genommen hat, wenn auch weitgehend gegen BURDACH, Fragen, die immer wieder gestellt werden, wie die nach dem Neuen in diesem Streitgespräch, sind ohne seine scharfe Beleuchtung des schmalen Werkes nicht verständlich.

HÜBNERS *deutscher 'Ackermann', ein Stilkunstwerk*. Es war Arthur HÜBNER, der die Geltung der BURDACHschen Vorstellungen am wirkungsvollsten gebrochen hat, und zwar in doppelter Hinsicht. Zum einen: In seinem Akademiebericht von 1935 arbeitet er in Korrektur BURDACHS ›Das Deutsche im Ackermann aus Böhmen‹ heraus. Er sieht die „Ausdruckselemente" und „Motive" des Dialogs weitgehend in der deutschsprachigen literarischen Tradition, vor allem in folgenden „Feldern" (S. 242) vorgegeben, im „Gesellschaftslied" (vor allem als preisendem und klagendem Liebeslied in der Tradition des Minnesangs), im „Meistergesang" (dessen Grenzen er sehr weit faßt, die spätere Spruchdichtung ebenso einbegreifend wie etwa Oswald von Wolkenstein), in der Marienlyrik, in Fastnachtspiel und „Novelle", in volkstümlicher Überlieferung, die Sprichwörter u. ä. bereitstellt. Im posthum erschienenen Aufsatz von 1937, in dem 'Deutsches Mittelalter und italienische Renaissance' in ihren Anteilen am *A* noch einmal abwägend bestimmt werden, ist so zusammengefaßt: „Aus deutscher Literatur stammt der Apparat seiner Bilder, Vergleiche, Aufzählungen und Beispiele, stammen zu weit überwiegenden Teilen die gnomisch-didaktischen Elemente, kurz alles was man als die dichterische Substanz des Dialogs bezeichnen kann" (S. 375). Aus dem Befund folgt: „... der Ackermann ist mittelalterlicher, als Burdach ihn sieht, und zwar gilt das bis in den tiefen geistigen Gehalt des Werkes hinein" (1935, S. 344). HÜBNERS anregender Hinweis auf die deutsche Tradition wurde mit Einschränkungen akzeptiert, auch in den Kommentaren verarbeitet, hat aber nur in einem Bereich, der jüngeren Spruchdichtung, eine gründliche Nacharbeit hervorgerufen (VOGT-HERRMANN, u. S. 51 f.). Darin ist die dringendste Forderung HÜBNERS (1937, S. 373 f.), nämlich einen genauen Vergleich mit Heinrich von Mügeln anzustellen, wenigstens zum Teil, im Bereich der Darstellung, erfüllt, nachdem Heinrichs Spruchdichtung inzwischen vorbildlich ediert vorlag (durch K. STACKMANN 1959, DTM 50–52). CH. HUBER wird den philosophisch-theologischen Zusammenhang weiterführend in eine Darstellung der Alanus-Rezeption (Habilitationsschrift beim Fachbereich 14 der Universität München) einbeziehen. – HÜBNER hat den Einfluß Italiens nicht bestritten. Aber er sieht ihn vor allem in der neuen Form gegeben, in der die mittelalterlich-deutsche Substanz aufbereitet ist, in der „neuen Latinität", die, im einzelnen schwer abgrenzbar, eine „ältere Latinität" (1937, S. 377) mittelalterlicher Herkunft überformt und diesen oder jenen „Gedanken moderner erscheinen [läßt], als er auch fürs Mittelalter war" (S. 383). Den Stil Johannes', die A-Rhetorik, hat HÜBNER andeutend beschrieben: latinisierende Syntax (1937, S. 375 f.); „ein Stil der Üppigkeit und der Fülle, ein Stil, der alles sagt und jede Form ausfüllt, der es vermeidet, Dinge nur anzudeuten und halb auszusprechen ..." (1935, S. 253); andererseits „die sparsame Sentenz, die geschliffene Antithese" (1937, S. 383).

Zum anderen: HÜBNER stand bereits HEILIGS Fund, der Widmungsbrief des A-Dichters, zur Verfügung. Dieser bestätigte ihm – mit dem Trostmotiv – zwar den biographischen Anstoß des Werkes (1937, S. 377), veranlaßte ihn aber auch, den literarischen Status des Werkes neu zu umschreiben. „So deutlich, wie man nur wünschen kann, wird das Werk hier vom Verfasser selbst als Stilkunstwerk, um nicht zu sagen, als stilistisches Experiment und nur als solches, hingestellt. Es wird nicht viele Beispiele dafür geben, daß ein Dichter sein Werk so genau und so ausschließlich als Form interpretiert" (S. 371 f.). Daraus folgt – gegen BURDACHS, aber auch SCHAFFERUS' Werkauffassung und Deutungsmethode –: „Es ist ein Unding, eine Dichtung (wer weiß, ob der Ackermannverfasser diese Bezeichnung hätte gelten lassen) geistesgeschichtlich, also weltanschaulich, zu analysieren, ehe man sie nicht formgeschichtlich analysiert hat, zumal wenn der Autor mit solchem Nachdruck, wie Johann von Tepl es tut, dem Formalen den Vorrang gibt. Oder auch so: hat man einmal erkannt, daß im Ackermann ein formales Spezimen vor uns liegt, dann darf man das Werk nicht lesen wie einen philosophischen Traktat, sondern eben als ein Stilkunstwerk; alle Äußerungen sind zunächst nur als Füllsel einer Form zu denken; das schränkt ihre weltanschauliche Gültigkeit ein. Nur ihrer allgemeinen Haltung und Stimmung nach sind weltanschauliche Züge aus dem Ackermann herauszulesen" (S. 379).

Heiligs Fund und Hübners neue Bestimmung des Dialogs aus dem Widmungsbrief als Stilkunstwerk haben die Forschung auf das Formale des Werkes gelenkt, auf einen Bereich, dem die Aufmerksamkeit des Autors offensichtlich im höchsten Grad zugewandt war und der zudem, nach den geistesgeschichtlichen Spekulationen, positiver Beschreibung zugänglich schien. Hier ist viel geleistet worden (s. u. S. 31 ff.). – Mitgegeben ist der Forschung seitdem aber auch die Frage, als was dieses Werk eigentlich zu verstehen sei. Hübner ist letztlich im Unbestimmten geblieben: Vielleicht nichts als „stilistisches Experiment", aber an seinem biographischen Anlaß, dem Tod der Gattin Johannes', auch an der Tröstungsfähigkeit des Werkes ist festzuhalten; vielleicht nicht „Dichtung", aber doch „Kunstwerk" von höchstem Rang. Wie soll genauer verstanden werden, daß bei der höchst bewußten Formung eines bereits vorgeformt aufgefundenen tradierten Materials dessen „weltanschauliche Gültigkeit" „eingeschränkt" wird? Die Diskussion um einen angemessenen Literaturbegriff für ein Werk wie den *A* ist u. S. 114 ff. skizziert. – Impliziert ist das Problem, wie der Widmungsbrief in sich und in bezug auf den Dialog genauer zu verstehen sei (s. u. S. 34 ff.).

R. Brand: *Aufbau als Sinn.* Zu den vorgeprägten Formen, in deren Tradition Hübner den *A* sieht, gehört das mittelalterliche Streitgespräch. Er wertet diese Zugehörigkeit im Sinne seiner Füllselthese aus: „Mit Bestimmtheit kann man nur darüber etwas aussagen, was dem Dichter an Argumenten pro und contra in dem Streit zwischen Leben und Tod bekannt gewesen ist, keineswegs aber darüber, zu welchen Argumenten er sich bekannt hat." Der „Gang der Dichtung" scheint ihm dies nur zu bestätigen: „Es ist richtig, daß der Dialog eine große Baulinie erkennen läßt, insofern der Tod, der dem Ackermann als schroffer Widerpart gegenübersteht, schließlich zum Rater und Mahner wird, den auch der Ackermann als solchen anerkennt. Aber ebenso sicher ist, daß namentlich zum Schlusse hin die Dichtung in Gründen und Gegengründen etwas ziemlich Zerpflücktes bekommt. Da leitet nicht mehr ein Gesamtbild, ein geschlossener kompositorischer Gedanke den Dichter, sondern er nimmt die Argumente, wie er sie findet, vereinzelt, zusammenhanglos – übrigens eine gut mittelalterliche Art des Gestaltens ... Man merkt, wie der Stoff dünner wird, wie der Dichter sich gezwungen sieht, die Argumente zusammenzuraffen, was dann die notwendige Folge hat, daß einzelne Kapitel ganz mosaikartig werden" (1937, S. 381 f.).

Es ist das forschungsgeschichtliche Verdienst BRANDS, daß sie in ihrer Dissertation von 1943 (gedr. 1944) gegenüber der geistesgeschichtlichen Auswertung von Einzelstellen, wie sie BURDACH und SCHAFFERUS betrieben hatten, aber auch gegenüber der motivgeschichtlichen Zerstückelung des Werks durch HÜBNER die Forderung erhob, das Werk sei methodisch als ein Streitgespräch zu interpretieren, das einen Weg zwischen einem „Anfangs- und Endpunkt" durchlaufe. „Der Gedanke, die leitende Idee, ist eben nicht zu entnehmen aus dem Inhalt dessen, was in dem Streitgespräch verhandelt wird, sondern aus dem Ablauf der Streithandlung. Wie dieser Ablauf zu verstehen ist, wo die Akzente liegen, darüber gibt der Aufbau der Dichtung Auskunft, nicht irgendein Kommentar ..." (S. 22 f.). Es gelingt ihr, diesen Ablauf entgegen BURDACHS Vorbehalt („ein gewisses Schwanken der künstlerischen Form", Ausg. S. 372) und HÜBNERS zitierter Einschränkung als einen weithin kohärenten und zielstrebigen zu beschreiben. Ihre Darstellung ist im einzelnen modifiziert worden und hat, was den Verlauf der „Baulinie" im ganzen anlangt, Gegenthesen hervorgerufen, ist aber grundlegend für alle Aufbauuntersuchungen und Versuche einer Gesamtinterpretation geblieben. Hier sei der genaueren Darstellung des Komplexes (s. u. S. 53 ff.) nur soviel vorweggenommen. BRAND: Der Ackermann wird vom Kläger, der dem Tod keinen Platz in der Weltordnung zugestehen will, zum Ratsuchenden, den der Angeklagte – und in ihm der Dichter – zur Einsicht führt, daß Leben und Tod gleich notwendig zu Gottes harmonischem Weltenplan gehören. Indem es dem Tod gelingt, den Ackermann davon zu überzeugen, nicht aufgrund seiner Überlegenheit über das Leben, ist er der Sieger. In einer Reihe späterer Arbeiten (WOLFF, KUHN, HAHN 1963, BUCHTMANN) wird dagegen festgestellt, daß das Streitgespräch in seinem letzten Drittel nochmals eine Wende nimmt. Nach dem Ackermann, der eingangs dem Tod die Existenzberechtigung absprechen wollte, verstrickt sich nun der Tod ins Unrecht der Behauptung, daß das Leben keinen Eigenwert besitze, während der Ackermann diesen überzeugend darlegt. Gottes Urteil, das beiden Figuren zugleich Unrecht und Recht zuerkennt, bestätigt die Unlösbarkeit des Konflikts für das menschliche Erkenntnisvermögen.

K. H. BORCK: *der 'Ackermann' als genus iudiciale.* Der *A* ist in den zuletzt genannten Arbeiten als ein Streitgespräch gedeutet, dessen Ablauf im wesentlichen durch die wechselnde Argumentationsstärke der Gegner und emotionale Abläufe gelenkt ist. Hinzugenommen ist BURDACHS Erkenntnis (Ausgabe S. 155 ff.; 1926–32, S. 425 ff.), daß der Streit – aber nur streckenweise und in poetischer Freiheit – in Formen des zeitgenössischen Prozeßwesens übersetzt ist, etwa wenn der Ackermann mit einem Zetergeschrei anhebt und damit seine Klage aufs äußerste verschärft.

Einen anderen Vorschlag, wie der Ablauf als geformter und einheitlicher verstanden werden könne, hat BORCK 1963 in seiner Hamburger Antrittsvorlesung gemacht. „Wenn ich richtig sehe, sind Anlage und Verlauf des Streitgesprächs zwischen dem Ackermann und dem Tod in der Tat weithin von den Regeln und Gesetzmäßigkeiten bestimmt, welche die antike Rhetorik für die Gerichtsrede aufgestellt hatte" (S. 408). Der *A* ist in seinen

Teilen und in deren Abfolge, eine gewisse „freie Handhabung"
(S. 409) zugestanden, von den Rezepten geprägt, die das *genus
iudiciale* von der Antike an durch das Mittelalter hindurch für
die geordnete und wirkungsvolle Durchsetzung einer Rechtsposition bereitstellt. Kenntnis davon kann beim Notar und
Schulrektor vorausgesetzt werden. BORCKS knappe Vorschläge
sind in der Folge systematisch ausgebaut, im einzelnen ergänzt
und modifiziert worden (K. BRANDMEYER, R. HENNIG 1972,
NATT). Wenn der *A* als Werk des *genus iudiciale* entschlüsselt
werden kann, sind daraus nicht nur Erkenntnisse über seine
Form zu gewinnen, über einen bestimmten Traditionsstrang
rhetorischen Gestaltens, innerhalb dessen Stilmittel genauer benannt, bevorzugte Auswahl erklärt und Funktionen präziser
beschrieben werden können. Auch die inhaltliche Interpretation
steht neu in Frage. Jede Aussage, die die Streitpartner machen
(etwa die spätere Bitte des Klägers um Rat), aber auch jede
ihrer emotionalen Reaktionen (etwa die hochgespannte *lamentatio* des Ackermanns zu Beginn) ist noch skrupulöser darauf
zu untersuchen, ob sie Ausdruck von Erkenntnisstand und Einstellung ist oder kalkuliert eingesetztes Mittel der Gegner-,
Richter- (und letztlich Leser-)Beeinflussung.

III. Formbezogene Deutungen

1. Die Sprache

Von der Sprache des *A*-Autors läßt sich nur eine angenäherte
Vorstellung gewinnen. Die erhaltene Überlieferung des Werkes
setzt erst ein halbes Jahrhundert nach der Abfassung und andernorts ein. Neben dem Dialog ist von Johannes nichts erhalten, was zählen könnte. Das Saazer Urkundenbuch bietet eine
einzige deutschsprachige Urkunde von 1427 (SKÁLA 1965, S. 64).
Zwei 'Ackermann'-Handschriften allerdings, A und H, weisen
„west- und nordwestböhmische mundartliche Züge" auf, von
denen fraglich bleiben muß, ob sie auf den Autor selbst zurück-

gehen; die beiden Handschriften stehen „in sprachlicher Verbindung mit Eger" (S. 65). Auch Tepl, vermutlich die sprachprägende Schulstadt Johannes', hat gute Beziehungen zu Eger wie zu Prag. Die Prager Kanzleisprache der Luxemburger, die ihrerseits auf den *A*-Autor eingewirkt haben wird, stimmt „in allen wesentlichen Merkmalen" (S. 65) mit der gleichzeitig und eigenständig ausgebildeten Egerer Kanzleisprache überein. Man wird mit Skála (S. 64 f.) davon ausgehen können, daß die Sprache unseres Autors der Egerer Kanzleisprache sehr ähnlich war. Diese ist aufgrund einer sehr günstigen Quellenlage gut rekonstruierbar und in ihrer oberdeutsch-mitteldeutschen Mischung von Skála (1967) besonders im Laut- und Formenbestand beschrieben worden. Dem heutigen *A*-Leser wird die Lektüre besonders dadurch erleichtert, daß die Diphthongierung der mittelhochdeutschen Längen *ī, ū, iu* zu *ei, au, eu* und die Monophthongierung von mittelhochdeutsch *ie, üe, uo* zu *ī, ǖ, ū* bereits durchgeführt ist. Mundartliches im *A* hat Skála, eine Untersuchung Hammerichs (1956) nicht nur terminologisch korrigierend, diskutiert mit dem Ergebnis, daß hierin die Verhältnisse der Egerer und anderer Kanzleisprachen nicht überschritten werden (1965, S. 68). Tschechische Einflüsse, die besonders für das Aspektsystem im *A* behauptet worden waren, sind nach Skála (S. 71) nicht nachzuweisen. Skála hat die Kritik an Burdach, der die Anfänge der neuhochdeutschen Schriftsprache in der Prager Kanzlei aufgesucht hatte, noch weiter vorangetrieben, indem er zeigen konnte, daß nicht nur der außerböhmische, sondern sogar der innerböhmische Einfluß der Kanzlei der Luxemburger ein deutlich begrenzter war (u. a. 1967, S. 22). Eine zusammenfassende Darstellung bringt H. Eggers in seiner ›Deutschen Sprachgeschichte‹ III. – Daß Johannes nicht nur im Bereich der Topoi und rhetorischen Mittel die Tradition schöpferisch genutzt hat, sondern bereits auch in seiner Sprache, besonders im Wortschatz und darin wieder bei der Wortbildung, hat J. Erben anregend aufgezeigt. Er interpretiert zuerst die Neubildungen des Saazers (wie *hendewinden, fingerdroen, traurenmacher* usw.) nach ihrer Bildungsweise, aber auch nach ihrer stilistischen

Funktion, und steckt dann die möglichen Ursprungs- und Vermittlungsbereiche der übernommenen Wortbildungen von der Mundart über geistliches, juristisches, fachliterarisches Schrifttum bis hin zur Dichtung ab, eine „vielschichtige Tradition" (S. 91), die sich im groben mit der literaturgeschichtlich ermittelten deckt.

2. *Die literarischen Darstellungsmittel*

Die zuletzt genannte Arbeit leitet bereits über zum Bercich der Darstellungsmittel des *A*-Autors, insbesondere zu seinem Sprachstil, den er selbst und die meisten seiner Interpreten mit den Begriffen der Rhetorik beschrieben haben. Johannes gibt in seinem Begleitbrief an, *rhetorice essencialia* (13 f.: die wesentlichen Elemente der Rhetorik) angewendet zu haben, und er beschließt ihre Aufzählung mit der Bemerkung: *Multa quoque alia et tamquam omnia, vtcumque jnculta, rethorice accidencia, que possunt fieri jn hoc jdiomate jndocili, jbi vigent; que jntentus jnueniet auscultator* (21 ff.: Auch viele andere, gleichsam alle Zutaten der Rhetorik, wie ungepflegt auch, die in dieser ungelenken Sprache gebildet werden können, kommen hier zur Wirkung; der aufmerksame Leser wird sie herausfinden). Die Forschung hat sich, bereits seit BURDACH, insbesondere aber seit HÜBNER, als aufmerksam erwiesen und zahlreiche Beiträge zu diesem Aspekt des Werkes vorgelegt. Diese können hier nicht in ihren einzelnen Ergebnissen, meist Identifizierungen rhetorischer Mittel und Beschreibungen ihrer Herkunft und Funktion, vorgeführt, sondern nur summarisch nach Ansatz und Informationsmöglichkeit, die sie bieten, charakterisiert werden.

a) Kommentare

Hinweise dieser Art bieten die Kommentare zum fortlaufenden Text in den Ausgaben BERNTS/BURDACHS, KROGMANNS, SPALDINGS, WALSHES (1951), allerdings unsystematisch und spärlich insgesamt und abnehmend in der genannten Reihenfolge; sie erläutern vor allem den Bildbereich nach Herkunft und Bedeutung. Ergiebiger ist der ausführliche Kommentarband (1983) zur Ausgabe JUNGBLUTHS (1969) und vor allem der kapitelweise Kommentar BÄUMLS (1960): Ausgewählte "rhetorical devices" werden nach ihrer Rolle im Kapitelzusammenhang, vor allem aber nach ihrer möglichen Herkunft beschrieben. Dabei wird BURDACHS einseitige Humanismusthese korrigiert und auch gegenüber HÜBNER gezeigt, daß der Herkunfts- und Vermittlungsbereich häufig nicht auf die deutsche Literatur eingeschränkt werden kann, sondern die ganze Breite mittelalterlicher Latinität in Betracht zu ziehen ist. Als Kommentar benutzbar ist auch die Dissertation J. WEBERS (u. S. 39).

b) Überblicke

Knappe Zusammenstellungen der wichtigsten Darstellungsmittel, die der ersten Einführung dienen sollen und können, bieten die Ausgaben KROGMANNS (S. 51 f.) und SPALDINGS (S. XXXVI ff.), auch SCHWARZ' (1968, S. 19 f.) und EGGERS' (S. 93 ff.). – Ausführlicher ist der Überblick SOMMERFELD-BRANDS. Sie will nicht nur Angaben zur Herkunft der Darstellungsmittel machen, sondern den „Eindruck des Stils" umschreiben. Sie sieht vor allem zwei „Formprinzipien" am Werk. Das der „Dehnung und Anschwellung" ist (u. a.) realisiert durch die Mittel der Paarungen, Parallelismen, Modulationen (Variationen) und langen Wortketten; sie sind aus „Meistergesang oder Gesellschaftslied" genommen. Mittel des anderen Prinzips, der „Abbreviatio", sie nun lateinisch-humanistischer Herkunft, sind die Nominalkomposita *(sinneleit),* substantivierten Infinitive *(fingerdroen),* Verbalsubstantive *(traurenmacher)* und die Partizipia praesentis *(starkriechend),* wobei letztere in attributiver Stellung am deutlichsten den „Durchbruch des eigenen Stilwillens" markieren. Die beiden gegenläufigen Formprinzipien der Ausweitung und Konzentration sind in ihrem Zusammenspiel durch ein „Grundprinzip" geregelt, das des Rhythmus, der nicht nur die Satzschlüsse bestimmt, sondern bereits auch die Anordnung der Satzteile (S. 388 f.). Hier ist sicher auf ein wesentliches Element des immer gespürten Neuartigen des *A*-Stils hingewiesen, wie immer eindruckhaft und z. T. auch anachronistisch formuliert. Die Kapitel I und V sind genauer interpretiert. An I wird gezeigt, daß die Aufschwellung des Kernsatzes: *ir tot, euch sei verfluchet,* durch die rhythmusbestimmte Satzorganisation „nicht Verbreiterung, sondern Vertiefung und Verstärkung" (S. 392) bewirkt. In V werden die Metaphern analysiert: durch Zusätze *(warsagend)* wird gebräuchlichen Ausdrükken *(wunschelrute)* die volle, vorstellbare Bedeutung zurückgegeben. – A. BLASCHKA hat sich HÜBNERS Charakterisierung des *A* als Stilkunstwerk am entschiedensten zu eigen gemacht. Entsprechend nehmen in seiner Gedenkrede ›550 Jahre „Ackermann"‹, gehalten 1950, gedruckt 1951/52, die Darstellungsmittel des Saazers – neben einer Beschreibung und Würdigung seines Lebens, seiner Zeit und auch inhaltlicher Aspekte seines Werkes – einen breiten Raum ein. Gehandelt wird über Gesamt- und Kapitelaufbau, Symbolzahlen und -angaben, Rhythmus (Cursus), besonders aber über die rhetorischen Mittel. Ihre lange Liste ist grob eingeteilt in Wortfiguren (besonders Repetitioformen von der Anapher bis zur Aequivocatio und Figura etymologica), Satzfiguren (Zeugma) und „Colores rhetorici im engeren Sinne" (Ornatus facilis und difficilis im Zusammenhang mit der Amplificatio, Abbreviatio und Variatio, Bildlichkeit usw.). Auf entsprechende Angaben des Begleitbriefes wird verwiesen, jedoch nicht systematisch. Die Besonderheit des *A*-Stils findet BLASCHKA nicht in diesem oder jenem Stilzug, sondern darin, daß sonst Getrenntes vereint wird, so der stilus Ciceronianus mit Reimprosa und Cursus, der selbst wieder Teil des rhythmisch organisierten Werkes ist, das für lautes Lesen bestimmt war. „Also eine 'Summa', die so umfassend und abwechslungsreich ist wie das Leben selbst, das sie einfängt" (S. 49). – In der für die Schule bestimmten *A*-Interpretation HAHNS (1964) wird überblickartig der Bereich des Formalen in

den Punkten, die auch BLASCHKA behandelt hatte, abgesteckt.
Was die rhetorischen Mittel anlangt, sind ohne besondere Systematik und nur mit gelegentlichem Hinweis auf den Widmungsbrief einige „ausgeprägte Kreise rhetorischer Effekte" (S. 17) beschrieben und belegt: Effekte der Wiederholung, die den Text in einem weitesten Sinne rhythmisieren; Mittel der Aufschwellung und gegenläufige der Abbreviatio; Mittel gesprächhafter Verlebendigung (Interrogatio, Dubitatio, Exclamatio usw.). Eine genauere Interpretation des X. Kapitels mündet in die Feststellung: „Die Neuartigkeit der 'Ackermann'-Prosa ... besteht vor allem in einer zugleich freien und oratorisch-effektvollen Organisation der Sinn-, Sprech- und syntaktischen Einheiten ..." (S. 27).

c) Der Begleitbrief

NATT will nicht nur die inhaltliche Interpretation des *A* (u. S. 84 ff.), sondern auch die formale auf eine sichere methodische Grundlage stellen, indem sie den Begleitbrief als „regelrechte Interpretationsanleitung zum Streitgespräch" (S. 270) verwendet. Die Möglichkeiten, die das Schreiben des Saazers in dieser Hinsicht seit seiner Entdeckung bietet, scheinen ihr von der Forschung nicht ausgeschöpft, und die Forderung HÜBNERS, den *A* konsequent als Stilkunstwerk zu interpretieren, sogar von ihm selbst, wenn er vor allem auf die dichterischen Mittel deutschen Ursprungs abhebt, nur eingeschränkt erfüllt. Sie versucht, die Stilmittel, die Johannes aufzählt, insgesamt und möglichst genau (mit Hilfe von LAUSBERG, ARBUSOW und FARAL) als Fachtermini der Schulrhetorik zu identifizieren und nachzuweisen, daß sie alle im *A*-Text realisiert sind. Dem stehen zunächst philologische Probleme im Wege.

Exkurs: Zum Überlieferungszustand des Begleitbriefs. Sein Text (im Freiburger Codex) ist nicht minder schlecht überliefert als der des Streitgesprächs. Die Bemühungen der Forschung von HEILIG und BLASCHKA (1935) an, einen zumindest verständlichen Text herzustellen und ihn kommentierend oder übersetzend zu deuten, haben zu keinem letzten Konsens geführt. Hier kann nur, wie schon beim Dialog selbst, ein Zugang eröffnet werden. – Der Text ist in nahezu allen *A*-Ausgaben abgedruckt, bei JUNGBLUTH (1969) mit doppeltem Apparat, der die Varianten der Handschrift und die bisherigen editorischen und textkritischen Vorschläge bietet. Eine kritische Edition findet sich auch in der Dissertation VOGT-HERRMANNS, in der darüber hinaus sehr übersichtlich, Zeile für Zeile, die vorliegenden Deutungs- und Übersetzungsvorschläge aufgeführt und knapp diskutiert sind; eine eigene Übersetzung bietet das Ergebnis (S. 24 ff.). NATT diskutiert die schwierigsten und umstrittensten Briefstellen (S. 197 ff.) und gibt die Ausgaben HEILIGS und JUNGBLUTHS (1969) sowie die Übersetzungen HEILIGS und AL. HÜBNERS (die bei VOGT-HERRMANN fehlt) bei. – Die Wendung bereits, es werde eine Invektive gegen das unabwendbare Schicksal des Todes gestaltet *per preassumptum grosse materie* (12), hat so unterschiedliche Deutungen erfahren wie: „mit Hilfe des erwähnten ungefügen Stoffes" (so AL. HÜBNER, ähnlich andere), womit das Material der deutschen Sprache gemeint ist, und: „wegen des bereits gestellten gewaltigen Themas" (so HEILIG, ähnlich andere, denen sich auch VOGT-HERRMANN S. 28 und NATT S. 198 anschließen). Wie aber hat sich das Thema gestellt? Aus der Literatur, allgemein aus der Menschheitsgeschichte oder speziell aus Johannes' Lebensgeschichte? Weiteres im Folgenden.

Was mit *laus* und *vituperium*, mit *equiuocaccio* und *synonymacio* (vgl. u. S. 46 f.), mit der *metaphora*, auch mit der *yronia* (vgl. u. S. 90 ff.) gemeint ist, wo und wie diese Mittel im Werk eingesetzt sind, stellt für NATT und andere Forscher ein Problem nur darin dar, welche zeitgenössisch-genauere Definition Johannes wohl vorlag. Anderes ist schwieriger. – Johannes' Angabe: *jbi longa breuiatur, jbi curta materia prolongatur* (14 f.), bezieht NATT mit anderen auf die rhetorischen Techniken der Amplificatio und Abbreviatio, wobei besonders für die Amplificatio eine breite Palette von Verfahren zur Verfügung steht und aus dem *A*, allein schon aus Kapitel I, belegt werden kann (Interpretatio und Expolitio, Periphrase, Vergleich, Digressio, Descriptio usw.). Für die Abbrevatio ist NATTS Hinweis zu beachten, daß sie nicht sprachliche Abkürzung meint, wie in der *A*-Forschung meist verstanden, sondern die verkürzende Art

der Darstellung des Gegenstands (S. 231) etwa durch Vermeidung von Wiederholung, durch verkürzende Anspielung (Intellectio) usw. Sie kommt im *A* durchaus vor, wenn auch wesentlich seltener als die Amplificatio. – Die *construccio succisa* und *suspensiua* (16 f.) wird von NATT (nach HEILIG) mit „genauer" und „ungenauer Ausdruck" wiedergegeben und als (über)ausführliche Konstruktion und verkürzte (wie die Ellipse) verstanden. Andere beziehen die schwer zu deutende Stelle auf „vollendeten" und „unvollendeten" oder „festgeordneten" und „schwebenden" Satzbau (vgl. VOGT-HERRMANN S. 29. 37; NATT S. 199).
– *Cola, comma, periodus* (18), etwa: Satzglieder, Satzteile, Sätze sind letztlich schwer voneinander abzugrenzen. NATT verzichtet auf eine Analyse, da nur in einer großangelegten vergleichenden Untersuchung die „Neuheit der Anordnung" *(modernis situacionibus)* bestimmt werden könne, die Johannes betont. Nach VOGT-HERRMANN drückt sich darin jedoch lediglich topisch sein Anspruch aus, auf der „Höhe zeitgemäßer Kunstübung" zu stehen (S. 39). – Völlig umstritten ist das unmittelbar anschließende, wohl verderbte *jllic ludunt vna sede retinenti cum serie palponia* (18 f.). NATT schließt sich HEILIG an, der *palilogia* konjiziert und übersetzt hatte: „hier spielen sie [*cola, comma* ...] auf, bald einzeln, bald in wiederholender Reihe". Sie bezieht die Aussage „auf die mit der Variatio verbundenen syntaktischen Eigenheiten" (S. 242). Andere lesen *serio* und übersetzen, hier trieben an derselben Stelle Ernst und Scherz ihr Spiel (vgl. VOGT-HERRMANN S. 28. 37 f.; NATT S. 200). – *Harenga jnuehitur et demollitur* (19 f.) bezieht HEILIG auf Eingangs- und Folgekapitel, NATT auf den „aggressiven Einsatz verschiedener Kapitel [z. B. des Klägerkapitels VII, des Todeskapitels XVI] und deren allmählich besänftigteren Ton" (S. 246 ff.; 248); andere personifizieren Arenga als den „Wortführer" (o. ä.) Ackermann, lassen ihn angreifen und besänftigt werden (VOGT-HERRMANN S. 30). – Es macht Schwierigkeiten, *verbales et sentencionales colores cum figuris* (20 f.) eindeutig auf gängige rhetorische Einteilungen zu beziehen. NATTS Lösungsversuch: „Wort- und Sinnschmuck mit seinen Figuren", in dem *sentencionales*

nicht wie sonst mit „Satz-" (VOGT-HERRMANN S. 30; NATT S. 202. 201; 203), sondern mit „Sinn-" wiedergegeben wird, ist ansprechend. Was die Rhetoriklehrbücher unter Wortfiguren (v. a. Wiederholungsfiguren wie Anapher, Epipher usw., auch Steigerungsfiguren wie Climax, rhetorische Frage usw.) und Sinnfiguren (wie Similitudo, Exemplum usw.) auflisten, läßt sich aus dem *A* reich belegen. – Unter dem, was dem aufmerksamen Hörer (*jntentus auscultator* 23) sonst noch auffallen wird, stellt NATT schließlich die Klangfiguren (wie Parallelismus, Alliteration, Reim, Cursus; besonderer Hinweis auf die Rhythmik dieser Prosa) zusammen.

Es ist das Verdienst NATTS, daß sie die *A*-Forschung auf eine intensive und systematische Behandlung des Begleitschreibens verpflichtet und Wesentliches zur Identifizierung seiner rhetorischen Angaben und zum Nachweis ihrer Realisierung im Dialogtext beigetragen hat, nicht zuletzt durch eine präzise Bezeichnung von Kenntnislücken und Deutungsproblemen, die dennoch bestehenbleiben. Ihre Ergebnisse können aber nicht die Bedenken dagegen aufheben, daß der Begleitbrief, so wie er formuliert ist, den formalen Bereich des Werkes hinreichend interpretiere. 1. Johannes hat nicht alles Verwendete benannt. Die eingesetzten *accidencia rhetorice, multa quoque alia et tamquam omnia* zu entdecken, überläßt er von vornherein dem Hörer selbst – eine Aussage, die NATT nur sehr eingeschränkt (Klangfiguren) berücksichtigt. Listet er alle *essencialia* auf? Die Vollzahl der rhetorischen Mittel kann nur aus dem Werk, nicht aus dem Brief erhoben werden. 2. Das gilt auch für die Gewichtung der Mittel, wie NATT für das Verhältnis von häufiger Amplificatio und spärlicher Abbreviatio selbst gezeigt hat (S. 236). 3. Schließlich ist auch das Zusammenwirken der Mittel, in dem die *A*-Rhetorik erst zu ihrer eindrucksvollen Wirkung kommt, nur im Zusammenhang des Dialogtextes zu beschreiben. Die Liste im Brief, die keine größere Systematik erkennen läßt, kann hierzu nur Andeutungen geben, etwa wenn sie einige Mittel antithetisch ordnet (*breuiatur – prolongatur, laus – vituperium* usw.). Das *genus iudiciale*, das nach NATT den rhetorischen Mitteln im *A* gattungsmäßigen Rahmen und präzise (argumentierende) Funktion geben soll, ist im Widmungsschreiben nicht erwähnt (vgl. u. S. 89 f.). – Grundlage für Untersuchungen zum formalen Bereich bleibt das Streitgespräch. Der Brief kann zu Beobachtungen anregen; er kann Beobachtungen, die am Dialog gemacht wurden, bestätigen, aber nicht grundsätzlich diskreditieren. VOGT-HERRMANN hat zusammenfassend dargestellt (S. 33 ff.), daß der Begleitbrief selbst höchst kunstvoll gestaltet ist. Er ist nach der *dictamen*-Regel aufgebaut aus *salutatio, exordium, narratio, petitio, conclusio* (vgl. auch BORCK S. 406 A. 23). In der *narratio,* die von den Stilmitteln handelt, wird der Oberbegriff *rhetorice essencialia* in veranschaulichender Aufzählung (Diärese) entfaltet. Auf vier längere, antithetisch gebaute Perioden folgen vier Kurzsätze; dann eine beschließende Zusammenfassung (*Multa quoque* ...). In diesem Rahmen werden durch die verlebendigenden Verben die rhetorischen Begriffe der Personifizierung angenähert. Und so fort. Im Inhalt sieht VOGT-HERRMANN bereits topische Momente des humanistischen Dedikations- und Freundschaftsbriefes vorweg- und des zeitgenössischen Rhetorikpreises aufgenommen (S. 32 f.). Sie zieht den Schluß, die brieflichen Angaben des Saazers dienten dazu, ganz allgemein seine rhetorische Kunstfertigkeit zu unterstreichen; es sei mehr ihre kunstvolle Durchgestaltung als ihr sachlicher Gehalt, die sie mit dem *A* verbände und für dessen formale Interpretation zu lernen gäbe (S. 41). Diese pointierte Einseitigkeit hat NATT mit ihren Ergebnissen zweifellos korrigieren, nicht aber die Forderung aufheben können, daß für die Nutzbarmachung des Begleitschreibens dessen Eigengesetzlichkeit zu beachten sei.

d) Einzeluntersuchungen

aa) Aufbauformen

Kapitelaufbau. WEBER untersucht in seiner umfangreichen Dissertation von 1949 detailliert die „Formgestalt der einzelnen Kapitel" unter der Annahme, die sich voll bestätigt: „Jedes von diesen verkörpert in seiner Art einen höchst bewußt und planvoll schaffenden Willen zur Tektonik des Aufbaus und vermag so – ganz abgesehen davon, was es inhaltlich auszusagen hat – als in sich geschlossenes künstliches Gebilde zu gelten" (S. 1). Durch Schreibanordnung und Numerierung wird der Aufbau der einzelnen Kapitel von der (stärker inhaltlich bestimmten) Großgliederung bis zur (stärker stilistisch bestimmten) Feingliederung sichtbar gemacht, die sich über Sätze und Satzteile bis hin zu einzelnen Wörtern erstrecken kann, soweit diese etwa parallel geordnet sind. Ausführliche Beschreibungen heben das künstlerisch Planvolle dieser Anordnung heraus. Obwohl einzelne Stilphänomene nur soweit Beachtung finden sollten, „als sie der Kapitelform als Ganzheit charakteristische Züge verleihen" (S. 1), enthält die Arbeit eine Fülle von Hinweisen auf Darstellungsmittel und ihre mögliche Herkunft, wobei die Nähe zur mittelalterlichen geistlichen Prosa hervorgehoben wird. Hinzu kommen Wort- und grammatische Erläuterungen, textkritische Überlegungen, auch Bemerkungen zur inhaltlichen Interpretation, die diese – leider schwer zugängliche – Dissertation zu einem beachtenswerten Kommentarwerk machen. Als Mangel empfindet man, daß die Ergebnisse nicht an abgehobener Stelle zusammengefaßt sind.

Mit Aufbauproblemen auf der Ebene der Kapitel (Reden) beschäftigt sich auch ein Beitrag TSCHIRCHS (1959). Die „Kapitelverzahnung", die Verknüpfung zunächst zweier aufeinanderfolgender Kapitel, geschieht in der Weise, daß der Gesprächspartner eine Formulierung, die am Anfang oder Ende der voraufgehenden Rede steht, zu Anfang oder Ende seiner eigenen Rede „absichtsvoll" aufnimmt, „indem sie entweder wörtlich wiederholt oder beziehungsreich variiert, dabei nicht selten antithetisch gewendet wird" (S. 499). Also: *Ich bins genant ein ackerman* ... (III, 1) – *Bistu ein ackerman* ... (IV, 2). Solche „Wortbrücken" spannen sich aber auch zwischen weiter auseinanderliegenden Kapiteln, so über das Wort *herzenleit* zwischen den *A*-Kapiteln VII, IX, XI, XIX, XXI, XXIII und dem Todeskapitel XXII. Gottes Urteil und das Schlußgebet bleiben weitgehend ausgespart; damit ist ihre Sonderstellung betont. „Wortbögen" spannen sich schließlich zwischen Anfang und Ende ein und desselben Kapitels (z. B. *liebe* und *leit* in XXIV) und bewirken so eine „Kapitelrahmung". Dieses Netzwerk verklammert Reden, die nach TSCHIRCH nur in sehr lockerer gedanklicher Verbindung stehen, so daß er den *A* lieber einen „Wechsel" als ein Gespräch nennen möchte (S. 523). Diese Vorstellung ist inzwischen korrigiert worden. Die Wortbögen unterstreichen gedankliche Bezüge, nicht: sie ersetzen deren Fehlen.

Zwei- und Dreigliedrigkeit. Auf die „Dreigliedrigkeit der Satzteile und der Sätze" als kennzeichnendes Stilmerkmal des *A*, das aus der Kanzleisprache übernommen sei, hat bereits BURDACH immer wieder hingewiesen (vgl. Ausgabe S. 165 f.). Von ihm angeregt hat F. WENZLAU diese Erscheinung, ergänzt um die „Zweigliedrigkeit", am Streitgespräch und bei anderen Prosaautoren des 14. und 15. Jh. (Johann von Neumarkt, Heinrich von Mügeln und den bekannten Übersetzern) ausführlicher dokumentiert. Synonyme verschiedener Wortart und Satzstellung (*angst, not* und *jamer*), Satzteile verschiedener Zusammensetzung und Stellung (*Grimmiger vertilger aller leut, schedlicher durchechter aller werlt, freissamer mörder aller menschen* ...), schließlich ganze Sätze (*Got, euer tirmer, hasse euch, unselden merung wone euch bei, ungelück hause gewaltiglich zu euch!*; alle Beispiele aus Kapitel I, das insgesamt als Paradebeispiel gelten kann) werden immer wieder in Dreier-, auch Zweier-, seltener Viereranordnung zusammengestellt. WENZLAUS Arbeit ist noch brauchbar als Materialsammlung.

Formaler Werkaufbau. R. K. HENNIG (1969) versucht, weitergehend, nachzuweisen, daß der *A* sowohl auf der Satz- wie der Kapitel- wie der Dialogebene nach ein und demselben tektonischen Prinzip aufgebaut ist: Dreigliedrigkeit (A, B, C); sie kann durch ein weiteres Element (+ D), das z. B. bei formaler Abweichung inhaltlich zusammenfaßt, ästhetisch wirkungsvoll aufgelockert werden. Die Glieder werden in inhaltsbezogener grammatischer, rhetorischer und inhaltlicher Analyse gewonnen. Auf Satzebene: *Grimmiger tilger aller leute* (A), *schedlicher echter aller werlte* (B), *freissamer morder aller menschen* (C), *ir Tot, euch sci verfluchet* (+ D) (S. 2 ff.; Text nach Ausgabe HÜBNER I, 1 f.). Kapitel I ist insgesamt dreigliedrig aufgebaut aus 2 Rahmenteilen (Satz 1 und 5) und einem selbst wieder dreigliedrig gestalteten Mittelstück (Satz 2 ff.) (S. 11–13). In den ersten 5 Kapiteln bilden die 3 Ackermann-Reden eine Triade, die HENNIG senkrecht anordnet; die beiden Reden des Todes verbinden sich mit der mittleren Ackermann-Rede zu einer weiteren, horizontalen Triade, dem Gesprächskern, so daß sich ein erstes Kreuz ergibt (Fig. a). Für das gesamte Werk ergeben sich 8 solcher Kreuze, wenn man jeweils die 3. Ackermann-Rede als Übergang (also Kapitel 5, 9, 13 usw.) zugleich die 1. Rede des nächsten Kreuzes bilden läßt. Es bestehen aber auch Kapitelbeziehungen, die als verschiedene Diagonalen eingetragen werden müssen; sie bilden 7 Diagonalkreuze und 3 diagonale Großkreuze (Figur b). Um nur die wichtigsten Momente dieser Strukturanalyse herauszuheben (S. 118 ff.): Der Dialog ist zweiteilig um die Achse des 17. Kapitels angeordnet, „das gleichsam die Quintessenz der gegen den Erzfeind gerichteten Argumentation enthält": der Ackermann beweist die Ungerechtigkeit des Todes nunmehr als „Sprecher aller guten Menschen" (S. 121). Aber auch die übrigen Ackermann-Reden, die in einem Diagonalkreuz wie „mitten im Kreuzfeuer" (S. 122) der gegnerischen Argumentation stehen (Kap. 5, 9, 13, 21, 25, 29) enthalten konzentriert seine Argumentation. Ihnen stehen in gleicher Bedeutung jeweils am Schluß der Diagonalkreuze, die Einheiten der Todesargumentation darstellen, 7 Todesreden (Kapitel 8, 12, 16, 20, 24, 28, 32)

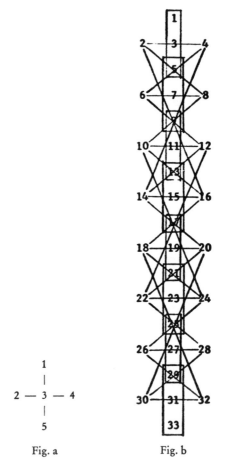

Fig. a Fig. b

Aus: HENNIG, R. K.: Satzbau und Aufbaustil im 'Ackermann aus Böhmen', 1968.

gegenüber. „Alles in diesem Werk geht irgendwie auf. Es ist aufs genaueste ausgerechnet" (S. VI). Diese Rechenkunst aber ist sowenig Selbstzweck wie die eines gotischen Dombaumeisters, sondern sie veranschaulicht das innere Gleichgewicht des Dialogs und die bewunderte Ordnung der Schöpfung Gottes. – HENNIGS Untersuchung trägt dazu bei, das Beziehungsgewebe inhaltlicher und formaler Elemente des Dialogs in und neben seinem zielstrebigen Ablauf weiter zu enthüllen, auch wenn man dessen geometrische Gestalt im einzelnen oder ganzen bezweifeln mag. Die Rechnungen mit Kapitelzahlen, mit denen HENNIG seine Anordnung stützen will – etwa daß senkrechte wie horizontale Achse der Kreuze jeweils denselben Summenwert ergeben: $1 + 3 + 5 = 9$; $2 + 3 + 4 = 9$ in Fig. a – sind weithin ohne Beweiswert, da sie notwendige Folge der gewählten Anordnung sind. – Eine weitere stark formalisierte Aufbauanalyse hat WALSHE (1954) vorgelegt (u. S. 59 ff.).

bb) Einzelne Stilmittel

Cursus, Rhythmisierung. Auf die wahrscheinliche Verwendung des Cursus, festgelegter Typen rhythmischer Satzschlüsse, im *A* hatte bereits BURDACH hingewiesen. Die Forschung ist zusammengefaßt und weitergeführt in K. D. THIEMES Dissertation von 1962, gedruckt 1965: ›Zum Problem des rhythmischen Satzschlusses in der deutschen Literatur des Spätmittelalters‹. Das Problem besteht in Folgendem. Der mittellateinische Cursus ist nicht nur definiert durch ein rhythmisches Muster, sondern auch durch die Struktur von Wortgrenze und Silbenzahl. Ein Beispiel: „Der cursus velox entsteht, wenn einem mehrsilbigen (mindestens dreisilbigen) Wort mit Betonung der Antepaenultima ein viersilbiges Wort folgt, das auf der Paenultima den Hauptton trägt *(infámia denotári)*" (S. 22). Dieser strengen Definition folgt aber in deutschen Texten, in denen, wie im *A*, die Satzschlüsse offensichtlich rhythmisiert sind, nur ein Teil der Fälle. Sind die übrigen, die nicht das Struktur-, wohl aber das rhythmische Muster des Cursus velox (s. u.) erfüllen, sind gar alle einfach Ergebnis der allgemeinen Betonungsgesetze der deutschen Sprache (AL. HÜBNER u. a.), so daß gar keine Nachahmung des lateinischen Stilmittels vorliegt? Oder hat der Cursus im Deutschen eine freiere Form mit größerer Variantenbildung angenommen? (BURDACH u. a.; vgl. THIEME S. 45 ff.) Er mußte es notwendigerweise, führt THIEME (S. 48 ff.) die Diskussion weiter; der unterschiedliche Charakter der beiden Sprachen bedingt, daß der lateinische Cursus nicht restlos ins Deutsche transponiert werden konnte; festgehalten wurde am rhythmischen Muster. THIEME unterscheidet für das Deutsche den Typ der zweifachen Betonung in der Ausformung als Cursus planus (´– – –´–; *ménige vólkes*), als Cursus tardus (´– – –´– –; *dó sie gebóren wart*) und als Dispondiacus (´– – – – –´–; *[(ge)légen ist sein schímmer]*), und den Typ der dreifachen Betonung als Cursus velox (´– – –´– –´–; *(zu)mále geschánt seit ímmer*). Ob die vier Satzschlüsse, die THIEME dem „normalen" velox als Varianten beigibt (S. 50; z. B. als metathetischer velox: ´– –´– – –´–; *fréissamlíchen enzúcket*), tatsächlich als Varianten gemeint waren, muß wohl offenbleiben. THIEME kennt selbstverständlich das Problem, das bei einer solchen Untersuchung auftaucht, nämlich die Abhängigkeit der Untersuchungsergebnisse von der gewählten Textform, und er belegt es für den *A* mit Tabellen (478 Fällen des Cursus in der Ausgabe HÜBNER entsprechen nur 324 bei HAMMERICH/JUNGBLUTH; S. 108). Im Streitgespräch dominieren der Cursus velox und planus. In einer Art „Rhythmuszwang" (S. 63) kann es zur Häufung desselben Typus kommen. Als Funktionen (S. 108) werden genannt: Satz- und Kapitelgliederung, Heraushebung inhaltlich markanter Stellen und Hinweis auf Sinnzusammenhänge. Den Cursus benützt Johannes ausgiebig auch im lateinischen Widmungsbrief.

Im *A*-Teil seiner Untersuchung hat sich THIEME nicht auf den Nachweis des Cursus beschränkt, sondern kapitel- und satzweise rhythmische Figuren auch des Satzinneren mitregistriert, die dieser Prosa das Gepräge einer „rhythmisierten Kunstprosa" (S. 108) geben. – Daß rhythmische Muster ("metrical patterns") bewußt verwirklicht wurden, hat H. SWINBURNE (1952) nachgewiesen, indem sie Abweichungen von der üblichen Wortstellung, besonders bei finiten und infiniten Verben in Haupt- und abhängigen Sätzen, untersuchte. Umstellungen können der Hervorhebung dienen, auch der Bildung rhetorischer Figuren wie des Parallelismus; eine Reihe von ihnen erklärt sich aber am besten, wenn man sie im Dienste der Rhythmisierung sieht wie die folgende: *Wo sint sie hin, die auf erden sassen, vnder dem gestirne vmbgiengen vnd entschieden die planeten?* (XVII, 18 f. nach Ausgabe SPALDING). Das dritte Verb durchbricht den Parallelismus und schafft einen rhythmisch ruhigen Satzschluß. Auch Johann von Neumarkt, der zur Kontrolle beigezogen wird, kennt solche Umstellungen. Dort geben sie jedoch zum Teil einfach die lateinische Vorlage wieder, und gerade aus dem weiteren Vergleich wird deutlich, wieviel bewußter, systematischer und gekonnter der Saazer arbeitet. – J. M. REITZERS Dissertation (1954), in der das Werk „mit besonderem Hinblick auf Rhythmus und Zahlensymbolik" untersucht wird, war mir nicht zugänglich. Proben geben ihre beiden Aufsätze (u. S. 49 f.). – Hier sei H. STELZIGS sprechkundliche Analyse des V. Kapitels erwähnt. Er beschreibt den Spannungsverlauf, der sich im laut gesprochenen Nachvollzug aus dynamischer Akzentsetzung, Atembewegung, Lautstärke und Zeitmaß ergibt. Die Unsicherheit einer derartigen Analyse an einem historisch fernen, poetologisch unvertrauten und schlecht überlieferten Text notiert er selbst.

Symbolzahlen. Bewußt eingesetzte Zahlen mit symbolischer Bedeutung und Zahlenbezüge, auf die in der *A*-Forschung öfter hingewiesen wurde, stellt F. TSCHIRCH (1958) als „Schlüsselzahlen" zusammen: Gute Überlieferung und die Tatsache, daß das 34. Kapitel des *A* genau das 34. Kapitel des 'Buches der Liebkosung' Johanns von Neumarkt auswertet, erweisen, daß der Saazer sein Werk auf diese Kapitelzahl (nicht auf 33 plus Schlußgebet, wie andere aufteilen) geplant hat. 34 (daneben aber auch 33) ist die heilige Zahl der Lebensjahre Christi. Er wird im Schlußgebet, das 7 Bitten enthält, angerufen. Die Quersumme von 34 ist die heilige Zahl 7, und beide Zahlen bauen sich aus den heiligen Grundzahlen 3 und 4 auf. Die 4 Buchstaben, die den Namen *Sacz* flechten, sind im IV. Kapitel genannt, das Todesjahr 1400 im XIV. Kapitel. TSCHIRCH ordnet die *A*- und andere Beispiele mittelalterlichen Vorstellungen und Denkgewohnheiten zu, besonders dem Symboldenken *(bezeichenunge)* und einer Schaffensweise, die nicht nur auf das Publikum, sondern immer auch auf Gott gerichtet ist. Er erörtert die Verschlüsselungs- und die damaligen wie heutigen Entschlüsselungsmöglichkeiten. (Zu REITZERS Arbeiten vgl. o. S. 45 und u. S. 49 f.)

Klangfiguren, Synonyma. Mit zwei „polar entgegengesetzten rhetorischen Figuren", die der Begleitbrief heraushebt (*cum equiuocaccione synonymacio* 17), beschäftigt sich TSCHIRCH in seiner Studie von 1973, mit den Figuren also der „(durch etymologische Figuren und Reimformeln absichtsvoll gesteigerten) Aequivocatio als des Gleichklangs der Wortkörper bei inhaltlicher Unterschiedenheit wie der Synonymatio als der inhaltlichen Übereinstimmung bei grundsätzlicher Klangverschiedenheit und etymologischer Nichtverwandtschaft" (S. 397). Die Aequivocatio, umstrittenes, aber beliebtes Stilmittel auch der deutschen Literatur bis in die frühe Neuzeit, findet sich konzentriert in einem *A*-Satz wie: *Weste ich, das mir in der* ee (Ehe) *gelingen solte als* ee (wie vordem), *in der* ee (Ehe) *wolte ich* leben (Inf.), *die weile* lebend (Part. Präs.) *were mein* leben (Subst.) (XXVII, 16–18; nach Ausgabe HÜBNER ³1965). Da TSCHIRCH in seinen Begriff der Aequivocatio nicht nur die semantische, sondern auch die grammatische Verschiedenheit gleichklingender Wörter einbezieht, verweist er im vorliegenden Fall nicht nur auf *ee*, sondern auch auf *leben(d)*: die Grenzen zur Figura etymologica verfließen. Diese tritt, für sich, auf in einem Satz wie: *solch lobeliche gotes* gabe, *die niemant dann got allein* geben *mag* (VII, 4 f.). „Endreime" finden sich in unterschiedlichem Abstand, sie formen stellenweise geradezu Reimpaare (*in w*ilden *g*efilden X, 8 f.; *Dein klage ist entw*icht; /*sie hilfet dich n*icht X, 21 f.) Stabreim/Alliteration prägt nicht nur Zwillingsformeln (*w*itwen *v*nd *w*eisen II, 10), sondern kann gehäuft eingesetzt werden (vierfach: *w*ann *w*ir *w*aren *g*egen*w*urtig IV, 11). Synonyma aller Wortarten schließlich, zwischen denen semantische Unterschiede in Grenzen zugelassen sind und die oft in Steigerung angeordnet sind, finden sich im *A* auf Schritt und Tritt (*angst, not vnd jamer ... leit, betrubnuß vnd kummer* I, 5 f.). TSCHIRCH weist immer wieder auf stilistische Funktionen, etwa die Betonung sinntragender Wörter, und insgesamt auf die Spannung hin, mit der die beiden polaren Figuren(gruppen) den Dialog verlebendigen.

Sprichwörter. Die Liste von Sprichwörtern, die W. MIEDER (1973) aus dem *A* erhoben hat, bleibt stattlich, auch wenn man annimmt, daß Johannes eine Reihe von ihnen nicht mit der Aura des Sprichwörtlichen, sondern des philosophisch-theologischen Arguments in sein Werk eingesetzt hat – etwa den Satz: *das leben ist durch sterbens willen geschaffen* (XXII, 7). Der *A* beweist neben den Salomon-Markolf-Dialogen, daß die Sprichwörter in ihrer „Antithetik" Affinität zur Gattung Streitgespräch haben. MIEDER, der sie nach ihrer Funktion beschreiben will, verfolgt ihr Auftreten im Dialogablauf. Auch wenn er sich dabei zu einseitig von F. MARTINI, der das Verhältnis Tod–Ackermann als einen Herren-Knecht-, Fürsten-Bauern-Konflikt sozialgeschichtlich überinterpretiert hatte, und von BRAND, die im Tod den überlegenen Sieger sieht (vgl. u. S. 53 ff.), leiten läßt, kann sein Grundbefund Gültigkeit beanspruchen: daß das Sprichwort keineswegs nur in didaktischer Funktion auftritt, sondern sehr häufig der meist aggressiven, seltener abwiegelnden Partnereinstellung der Kontrahenten Ausdruck gibt. Der Tod: *Aber als vil als ein esel leiren kan, als vil kanstu die warheit vernemen* (XXX, 13 f.). Der Kläger: *Alter man neue mere, gelerter man unbekante mere ...* (XVII, 1). Daß das Sprichwort, wenn es didaktisch eingesetzt wird, ein niedriges Niveau des Belehrungsvorganges signalisiert, konkreter: daß der Tod (dem drei Viertel der Sprichwörter zugeteilt sind), wenn er den Ackermann mit Sprichwörtern belehrt, diesen indirekt zum mühsam belehrbaren bäuerlichen Narren abstempelt, kann ich am Text nicht nachvollziehen und deckt sich nicht mit der einleitenden Feststellung MIEDERS, daß im Sprichwort der Zeit hohes Bildungsgut und Volkstümliches zusammenfließen und Inhalt gelehrter Bildung sind. Wenn der Vorgang des Belehrens, auch des Beweisens und der Rechtfertigung mit Sprichwörtern geschieht, ist sicher eher deren Selbstevidenz, Allgemeingültigkeit und Pointiertheit bemüht.

cc) Interpretationen einzelner Kapitel

Wenn Stilmittel nicht nur registriert, sondern in ihrer Funktion und ihrem Zusammenspiel beschrieben werden sollen, bedarf es einer Bezugsgröße. Als geeignet hat sich die einzelne Rede herausgestellt, für die Johannes inhaltliche und formale Geschlossenheit angestrebt hat. Hierzu liegen mehrere Analysen vor. Vorweg sei nochmals auf WEBERS Untersuchung hingewiesen (o. S. 39), die detailliert vor allem dem Aufbau aller Kapitel gilt; weiter auf THIEME (o. S. 44); BÄUML (1960, o. S. 32); HENNIG (1969, o. S. 41 ff.); auch auf BUCHTMANNS kapitelweise Interpretation (u. S. 70 ff.), in die immer wieder stützend Beobachtungen zum Stil einbezogen werden.

Kapitel I. Die größte Aufmerksamkeit hat nicht ohne Grund das I. Kapitel gefunden, dem, als Eingang des Werkes, offensichtlich schon der Autor besondere Aufmerksamkeit zuteil werden ließ. In ihm bereits sind die wichtigsten darstellerischen Mittel des Saazers versammelt, ausgefeilt wie in kaum einem anderen. Insgesamt eine sich steigernde Ausweitung der einleitenden Verfluchung, verkörpert es das dominierende Prinzip der Amplificatio in exemplarischer Weise. Diese Amplificatio aber geschieht in strengster Ordnung, in der die Dreiteiligkeit vorherrscht: von der Großgliederung des Kapitels bis zur Anordnung von Sätzen, Satzteilen, ja einzelnen Wörtern. Die ausführlichste und genaueste Untersuchung liegt bei HENNIG (1971) vor, der die Darstellungen WENZLAUS (S. 135 f.) und WEBERS (S. 3 ff.) korrigiert, ergänzt und erweitert. Nicht simple Dreiteiligkeit mache die Struktur dieses Kapitels aus, sondern ein Beziehungsgeflecht, das sich am besten in der geometrischen Figur eines Kreuzes mit umschriebener Raute darstellen ließe. Der A als „mathematische Kunst" (S. 170)? Man darf die inhaltliche Ordnung in dieser Fluchausweitung nicht übersehen: aus Himmel, Erde und Hölle werden die Fluchhelfer gerufen (HENNIG S. 163), immer, überall, aufs Äußerste soll den Mörder der Fluch treffen (NATT S. 205 ff.). Das strenge Ordnungsgefüge ist gleichwohl kein starres dank der abwechslungsreichen Rhythmisierung (THIEME S. 55 ff.). „Die abstrakten Begriffe fluchen und hassen werden in konkrete Bilder, die Bilder wiederum in lebhafte Bewegung aufgelöst ... Es werden buchstäblich Himmel und Erde in Bewegung gesetzt, mitsamt allem, was darauf und darunter ist, um dem Fluch seine ganze Nachdrücklichkeit zu geben." (SOMMERFELD-BRAND S. 390 ff.; 391) I exponiert schließlich den prozessualen Rahmen.

Kapitel X. Ein ähnlicher Befund ist auch aus X erhoben worden. Ein knapper Syllogismus (alles Bestehende muß vergehen, also auch deine Frau und du selbst) wird in durchdachter grammatisch-stilistischer und inhaltlicher Ordnung in Steigerung amplifiziert und durchrhythmisiert. Es ist das X. Kapitel, in dem der Tod mit feierlichem Ernst seine Macht gegenüber der Schöpfung darlegt. 10 ist die Summe von 3 und 7, die den dreieinigen Schöpfergott und sein Schöpfungswerk symbolisieren. Es enthält 10 *wie*-Sätze (Zahl der Vollkommenheit), die man weiter beziehungsreich untergliedern kann. (Schaubilder und Erläuterungen bei WEBER, S. 77 ff.; REITZER 1952; HAHN 1964, S. 21 ff.; EGGERS S. 94 ff.)

Kapitel XXXIII. REITZER (1955) hat das Urteil Gottes in „Zeilen", rhythmisch umgrenzte Sätze und Satzteile, zerlegt und zwischen den Zeilenzahlen eine Fülle von Beziehungen erkennen wollen. Ihre Beobachtungen sind dort überzeugend, wo sie Proportionen (Parabel und Anwendung halbieren das Kapitel) und Gruppierungen (wie die Dreiergruppe der anschließenden Urteilsbegründung) aufdeckt; vor allem wird die strenge Symmetrie des Urteils, das Gott über den Kläger und Angeklagten fällt, bis ins stilistische Detail deutlich. Wieweit solche abstrakten Beziehungen auch jeweils inhaltlich-symbolisch gemeint sind (die Ruhmreden der Jahreszeiten umfassen wieder 10 „Zeilen"; der Urteilsspruch umfaßt für den Kläger und den Tod je 3 Worte = 33 usw.), muß hier wie in anderen Kapiteln offenbleiben.

Kapitel XXXIV. Im Rahmen ihrer Untersuchung über den Zusammenhang des *A* mit der Spruchdichtung (vgl. u. S. 51 f.) hat VOGT-HERRMANN das Schlußgebet eigens und genauer behandelt. Das engmaschige Vergleichsmaterial (Anlage 5) zeigt: Etwa gleich starker Einfluß religiös-erbaulichen Schrifttums (mit biblischen und patristischen Einschlägen), repräsentiert durch Johanns von Neumarkt ›Buch der Liebkosung‹, das der Saazer stellenweise direkt ausgeschrieben hat, und der Spruchdichtung mit typischen Bild- und Denkmotiven *(alt greiser jüngling),* die hier, im Gottesbild des Schlußgebets, sogar stärker durchschlagen als sonst im Werk. Im Stil zeigt der *A* aber gerade nicht jene „ornamentale Grundstruktur" (S. 93), jenes dichte Netz von Wort- und Bildbeziehungen oberhalb des sprachlichen Direktsinnes, das sich am ausgeprägtesten bei Heinrich von Mügeln realisiert findet, sondern: „nicht nur die deutschen Bildelemente sind in unverkennbar latinisierender Stilabsicht eingebaut, umgeformt und kombiniert, ebenso sind auch die ursprünglich aus lateinischem Stilwillen geformten, aber oft schwerfälligen und langatmigen Anrufungen Johanns von Neumarkt in den Händen des Ackermanndichters zu straffen Apostrophen umgearbeitet ..." (S. 102). Der (lockere) Gesamtaufbau des Gebets und die Gestaltung der sieben Gottesanrufungen (die gehäuften Periphrasen des Gottesnamens) folgen typischem Litaneistil.

dd) Rhetorische Systeme und Traditionen

Ein anderer Bezugspunkt für eine Beschreibung der Funktion der rhetorischen Mittel wäre dann gefunden, wenn sich zeigen ließe, daß diese im *A* im Zusammenhang einer schärfer umgrenzbaren rhetorischen Gattung oder Auffassung oder Strömung eingesetzt sind. Davon gehen einige neuere Arbeiten aus. BORCK, BRANDMEYER, HENNIG (1972) und NATT sehen den *A* nach dem rhetorischen Muster der Gerichtsrede, des *genus iudiciale*, gestaltet, das seinen Aufbau bestimmt und die Wirkungsrichtung der einzelnen rhetorischen Mittel festlegt. B. STOLT bezieht die einzelnen rhetorischen Mittel auf das Grundanliegen der Rhetorik seit der Antike, die Erweckung von Gefühlen in den beiden klassifizierten Grundformen des Ethos und des Pathos. BURGER schließlich ordnet die *A*-Rhetorik der breiten Strömung einer erneuerten Rhetorik als *ars movendi* zu, die die mittelalterliche *ars ornandi* abzulösen beginnt. Da in diesen Arbeiten die Untersuchung der Darstellungsmittel in ausgeführte oder umrissene inhaltliche Interpretationen übergeführt ist, sind sie im nächsten Kapitel behandelt. An dieser Stelle ist noch einmal auf HÜBNER (1935, 1937; o. S. 24 ff.) hinzuweisen, der seine Forderung nach einer umfassenden Formanalyse eingeschränkt mit einer Skizze vor allem des deutschen literarischen Einflußbereiches beantwortete. Eine genauere Untersuchung ist nur für eines seiner „Felder" durchgeführt worden. VOGT-HERRMANN hat in ihrer Dissertation von 1962 die Beziehung des *A* zur jüngeren Spruchdichtung und ihrem geblümten Stil, besonders zu Heinrich von Mügeln und Frauenlob herausgegriffen, die HÜBNER unter „Meistergesang" geführt hatte. Sie stellt ausgewählte Darstellungsmittel, die in beiden Bereichen vorkommen, nebeneinander, versucht, in einem Vergleich der Funktionen Johannes' Gebrauch abzuheben („Ausbau, Umbau der ererbten Formen") und zu einem Urteil darüber zu kommen, was der Saazer diesem Bereich verdankt, wobei zur Kontrolle auch andere mögliche Einflußbereiche, lateinisch und deutsch, besonders die Übersetzungsprosa Johanns von Neumarkt, beigezogen werden. Der Benützer findet das untersuchte Material in zwei große Gruppen aufgeteilt: A. Äußere Gestaltungsprinzipien: Figurenschmuck, Stilformen, Kompositionstechnik. Hier werden die Figuren der Wortwiederholung, Worthäufung, Anrede und besonders ausführlich und ergiebig der Metaphorik vorgeführt. B. Innere Gestaltungsprinzipien: Phrasen und Motive (wie der *Eren spiegel*), Leitworte (wie der *wise* und *tor*), Denkgewohnheiten (wie sie sich in Autoritätsberufung, dichterischer Selbstdarstellung, im Beispieldenken, in Lob und Tadel ausdrücken). VOGT-HERRMANN bestätigt den engen Zusammenhang des *A* mit der Spruchdichtung, besonders in der Metaphorik, betont aber auch die Umformungen, die Johannes in der *A*-Prosa vorgenommen hat (vgl. o. S. 50). Umsichtig ist an verschiedenen Stellen offengelassen, ob nicht Einfluß anderer deutscher Gattungen oder florierter lateinischer Prosa, aber eher des Mittelalters als des Humanismus, vorliegen könnte.

3. Zusammenfassung

Die Untersuchungen zeigen eindrucksvoll, über welche Breite der Darstellungs-, insbesondere der rhetorischen Mittel Johannes verfügt. Man wird davon ausgehen müssen, daß sie ihm aus verschiedenen Traditionsbereichen zugeflossen sind: Das Fundament sicher aus der mittelalterlich-lateinischen Schulrhetorik, die der künftige Magister lernend aufgenommen hat und der Schulrektor lehrend weitergibt. Der Stadtschreiber und Notar, der verschiedenartigen Schriftverkehr tätigt und Muster dafür anlegt, der auch die Stadt in Rechtsvorgängen vertritt, kennt die *ars dictaminis* und die Rhetorik des Rechtsbereichs in ihrer Argumentationsqualität, Verbindlichkeit und Dignität. Der Literat Johannes nimmt Traditionen deutscher Literatur auf, darunter solche, die unter hohem stilistischen Anspruch stehen wie die blümende Spruchdichtung, eine *ars ornandi*, die den Wert des Behandelten durch Redeschmuck zur Geltung bringt. Und er steht sicher auch unter dem Einfluß der neuen Latinität und

Rhetorik der Italiener, die in ihrer höchsten Ausprägung als *ars movendi* lebensverbindliche Grundwahrheiten über den Menschen zur Geltung bringen will und ebenfalls hohen literarischen Anspruch anzumelden erlaubt. Johannes' Zugang zu diesem letzten Bereich und dessen schärfere Umgrenzung in seinem Werk ist allerdings auch nach HÜBNER, der die Trennung von älterer und neuerer Latinität als Forschungsanliegen gefordert hatte (1937, S. 377), kaum deutlicher geworden. Das gilt aber auch für die übrigen Bereiche. Die biographischen Daten sind zu spärlich. Wo und was, welche Rhetorik hat Johannes tatsächlich studiert? (Vgl. u. S. 81 f.) Einzelne Stilmittel, Gruppen, die Gruppierungen selbst gehören gleichzeitig verschiedenen Traditionen an, älteren und neueren, auch die Funktionen sind weitgehend gleich da und dort. – Bei aller Bindung zeichnet sich umrißhaft eine eigene Stilvorstellung des Saazers ab, in deren Bestimmung die meisten Untersuchungen konvergieren: Er legt Wert darauf, Wörter, Satzteile, Sätze und sogar Kapitelteile so anzuordnen, daß ein abwechslungsreiches Spiel mehrgliedriger, meist dreigliedriger Parallelgebilde mit Achtergewicht entsteht; im Zusammenhang damit bewußte und geplante Rhythmisierung der Sätze nicht nur am Ende; eine starke Bildlichkeit, die sich nicht zu einem eigenen Verweisungssystem verselbständigt, sondern im Dienste der Argumentation bleibt.

IV. Inhaltbezogene Deutungen

1. Aufbau als Aussage

a) Der Tod als Sieger

BRAND *(1944).* Sie löst ihre richtungweisende Forderung, die „leitende Idee" des Werkes sei aus seinem Ablauf und Aufbau zu erheben, selbst auf folgende Weise ein. Diese Idee ergibt sich aus der Beziehung zwischen dem I. und dem XXXIII. Kapitel, die „in der Dichtung eine Sonderstellung einnehmen", wobei es sich empfiehlt, den Dialog „vom Ende her" (S. 21) zu entschlüsseln. Im Eingangskapitel erhebt der Ackermann Anklage gegen den Tod und fordert als Strafe seine Austilgung. Im Schlußkapitel spricht Gott dem Tod *sige* zu. Was bedeutet dieses Urteil? „Sieg des Todes in Sachen dieses Prozesses bedeutet nicht: Sieg über das Leben überhaupt, Vorrecht des Todes dem Leben gegenüber, sondern: Existenzberechtigung des Todes neben dem Leben" (S. 21 f.), wie es der durch Gott garantierten Weltordnung entspricht. Der Ablauf des Streitgesprächs ist also so zu verstehen: „Indem der Ackermann gegen den Tod aufbegehrt, empört er sich gegen die göttliche Weltordnung. Indem er die Notwendigkeit des Todes einsieht, ordnet er sein Leben der göttlichen Harmonie zu, die nur durch seine menschliche Empörung gegen den Tod, nicht durch dessen Vorhandensein gestört ist" (S. 22). Dies ist das „vorbedachte Endresultat" (S. 22), auf das der Dichter hinführen will und das sich im Urteil Gottes ausdrückt. Damit Gott aber zu diesem Schiedsspruch gelangen kann, „muß der Tod die ungeheure Anklage vorher von innen entkräftet haben" (S. 21). Die führende Figur im Dialog ist also der Tod, nicht der Ackermann, den der Dichter zwar mit einem großartigen „Kunstgriff" das Gespräch eröffnen läßt, der aber letztlich nur dem Tod „alle notwendigen Argumente" für eine um so wirkungsvollere Widerlegung zu liefern hat. Er wird „vom wütenden Ankläger allmählich zum Rat- und Trostsuchenden" (S. 17). – BRAND sucht das Ergebnis, das sie an den Rahmenkapiteln gewonnen hat, mit einer Interpretation der Binnenkapitel zu stützen. Sie folgt dabei jedoch nicht dem Wortwechsel der Streitpartner, sondern faßt je die Reden des Ackermanns und des Todes zusammen. Für die „Wandlung" des Ackermanns sieht sie Anzeichen bereits im III. Kapitel, der ersten Streitrede nach der Anklage und Verfluchung. Die Zustimmung heischende Aufforderung des Witwers: *weget es selber, ob ich icht billichen zurne . . .*, verrät „Zweifel an der Berechtigung der Klage". In V – um hier nur die wichtigsten Stadien zu notieren (vgl. BRANDS Zusammenfassung S. 48 ff.) – „resignierende Trauer"; ab XI „Verteidigung des Rechts auf

Trauer und Schmerz: der Übergang in die Defensive ist vollzogen"; XV: die „Fragen über das wahre Wesen des Todes" zeigen Zweifel am bisherigen Urteil; ab XVII argumentiert auch der Ackermann auf der „Ebene des Überpersönlichen"; in XIX wird die Bitte um Unterweisung zum erstenmal ausgesprochen, in XXI der Rat offen angefordert: „Der Umschwung ist vollzogen." Keine Änderung mehr bis zum Schluß des Gesprächs. Daß die Reden des Ackermanns bis zum Kapitel XV dennoch immer wieder in Anklage und Verfluchung münden, daß die Anklage in XXXI noch einmal direkt formuliert wird, berührt nicht die innere Entwicklung, sondern hat lediglich die Funktion, „das Stichwort für die Antworten zu geben und die Streithandlung in Gang zu halten" (S. 50), bis hin zum Urteil Gottes. Dagegen bleibt die Haltung des Todes unverändert. Seine Position ist so „uneinnehmbar", daß er sich nicht einmal zu einer „wirklichen Verteidigung" herabzulassen braucht. Er belehrt den Gegner: „Sieh dein Schicksal nicht als individuelles, sondern als das allen Menschen gemeinsame Schicksal an, also als dem Weltgesetz unterstelltes Geschehen. Alles irdische Wesen ist eitel (Eitelkeit der Eitelkeiten). Des Menschen irdischer Teil ist Hinfälligkeit und Unstete, und im Hinblick auf den Tod wird dem Einsichtigen diese Conditio hominis deutlich." Was sich beim Tod ändert, ist lediglich „der Ton seiner Antworten": „er spricht manchmal als der Überlegene, der aufklären und raten will, manchmal als der Ungeduldige, der den Unbelehrbaren höhnisch anführt" (S. 52). Seine Überlegenheit und führende Rolle äußert sich des weiteren darin, daß er im Plural majestatis spricht, mit dem XXXII. Kapitel das letzte Wort behalten darf (S. 37) und nicht nur in diesem Kapitel das größere Redequantum (insgesamt 515 gegen 435 Zeilen des Ackermanns) zugeteilt erhält (S. 51).

BRAND hat aus ihrer Analyse des Gesprächsaufbaus und -ablaufs folgende Schlüsse gezogen. Zum Verhältnis Autor–Werk: Die Meinung des Dichters zum Problem Leben und Tod vertritt nicht, wie bis dahin angenommen, der Ackermann, sondern der Tod, dessen Position Gott bestätigt. „Wenn wir den

Dichter als Partei einschalten wollen, so auf der Seite des Todes, denn dessen Sache führt er durch den Dialog hin zum Sieg, nicht die Sache des Lebens" (S. 21). Genauer: Der anklagende Ackermann „personifiziert ein bestimmtes persönliches Erlebnis des Dichters, das Erlebnis des Todes" (S. 23). Der Tod aber vertritt den Dichter, der dieses verstörende Erlebnis zum Zeitpunkt der Abfassung des Dialogs verarbeitet, eingeordnet hat und darüber belehren kann. „Im Ackermann kämpft nicht ein Mensch (der Dichter) in der Person des Ackermanns gegen das Recht des Todes, sondern ein Mensch (der Dichter) überzeugt die Menschheit von dem im Rahmen des göttlichen Planes notwendigen Vorhandensein des Todes" (S. 23). – Zur geschichtlichen Stellung des Werks: Als „neuzeitlich" stuft BRAND die „bewußte Bemühung um die Form in der Prosa" ein, die ihr der Widmungsbrief bestätigt. Als „neuzeitlich-renaissancehaft" gilt ihr ferner, daß das Streitgespräch durch ein „persönliches Erlebnis", das des Todes, ausgelöst ist (S. 53). „Neuzeitlich scheint mir zu sein, daß ein persönliches Erlebnis so tief und nachhaltig empfunden werden kann, daß der Mensch, der es erleidet, sich vorübergehend aus der göttlichen Weltordnung ausgestoßen fühlt" (S. 57). Nur vorübergehend, denn die „Entdeckung des persönlichen Schicksals", die hier schmerzlich stattfindet, trifft im Dichter auf einen noch fraglosen „mittelalterlichen Glauben" (S. 56) an die Harmonie der Schöpfung, der Distanzierung vom Erlebnis ermöglicht. Diese ist allerdings noch nicht durchrationalisiert; die Widersprüche der Ackermann-Figur weisen darauf hin. Zusammengefaßt: „Der eigentliche Konflikt in der Ackermann-Dichtung ist also ein neuzeitlicher Konflikt. Seine Lösung ist die mittelalterliche Lösung." (S. 58) Der *A* ist ein typisches Werk des Übergangs.

Kritisch anzumerken und angemerkt worden ist vor allem, daß BRAND den Dialogverlauf streckenweise zu stark verkürzt dargestellt hat. Aus dem Urteil Gottes, das an keiner Stelle im Zusammenhang interpretiert ist, hat sie herausgehoben, daß Gott dem Tod den Sieg und damit die angefochtene Existenzberechtigung zuspricht. Was die Zuerkennung von *ere* für den

Ackermann bedeutet, ist nicht ausgeführt. Vor allem hat BRAND den Vorwurf selbstherrlicher Machtbeanspruchung, den Gott mit der Jahreszeitenparabel gegen beide Streitparteien erhebt, nur in der Weise aufgenommen, daß sie ihn für den Tod abzuschwächen versucht: er beträfe nicht den Inhalt seiner Argumentation, sondern lediglich die Formulierung (S. 42). – Die getrennte Behandlung der Reden des Witwers und des Todes ist zwar der Bestätigung der Grundthese vom einlenkenden Ackermann dienlich, verdeckt aber den präzisen Bezug der Reden aufeinander und die Gesprächsentwicklung in ihrem genaueren Verlauf. Das hat Folgen vor allem für die Interpretation der zweiten Hälfte des Werkes. Hier sieht BRAND ganze Kapitelgruppen, die Kapitel XXIV, XXV sowie XXVIII und XXIX, in denen der Ackermann den Menschen und die Ehefrau lobt, der Tod sie schilt, nur sehr lose auf die Gesprächslinie bezogen. Aus spätmittelalterlicher Lust an der Gegenüberstellung von Widersprechendem eingefügt, sind sie letztlich „unergiebig, denn sie fördern die innere Handlung nicht, sie geben keinen Aufschluß über die fortschreitende Wandlung des Ackermanns vom Ankläger zum Ratsuchenden" (S. 32). Daß sie eine Richtungsänderung markieren könnten, ist nicht erwogen. – Das Schlußgebet, das nach BRAND nicht die Ackermann-Figur, sondern der Dichter spricht (S. 36), ist nicht in die Analyse einbezogen.

BÄUML *(1960)*. Er hat in seiner Untersuchung, die neben den rhetorischen Mitteln der Werkstruktur des *A* gilt, BRAND in Einzelheiten korrigiert und ergänzt, ihr im ganzen aber zugestimmt. "Death is adjudged victorious, since he has succeeded in invalidating the Ploughman's initial accusation and the complex of motivations upon which it was based. Death's invalidation of the Ploughman's accusation and its motivations consists in his successful transformation of the Ploughman from accuser to supplicant. The victory of Death, therefore, does not mean that Death is victorious over life, but rather that the function of Death is justified within the order of the universe which was threatened by the Ploughman's accusation. The original antithesis Life-Death is resolved through the synthesis Life and Death" (S. 113). BÄUML hat deutlicher herausgearbeitet, daß der Tod nach Inhalt und Argumentationsweise die Position der Ratio vertritt, während der Ackermann als emotional, irrational reagierend vorgeführt wird bis zu seiner Wandlung ab dem XV. Kapitel (S. 118). Die Erkenntnis, daß die Figuren in dieser Weise rollenhaft charakterisiert sind, entbindet davon, sie wie BRAND mit den biographischen Kategorien des „persönlichen Erlebnisses", des „Überpersönlichen", der „Distanz" usw. verknüpfen zu müssen. Ein biographischer Anlaß des Werkes ist nach BÄUML möglich, aber keineswegs notwendig (S. 7 f.). Er lehnt auch mit Recht ab, daß das Einbringen einer persönlichen Erfahrung ins literarische Werk bereits ein „neuzeitliches" Moment darstelle und daß auf der anderen Seite das Mittelalter einfachhin zum „Paradies des axiomatischen Glaubens an die Harmonie der Schöpfung" (BRAND S. 57) deklariert werden könne. Neuzeitlich ist auch nicht bereits das Bemühen um stilistische Durchgestaltung von Prosa, sondern daß sich dieses Bemühen auf die deutsche Prosa richtet – der einzige Zug im Werk, der aus dem Bereich mittelalterlicher Literatur hinausweist (S. 119). – BÄUML, der kapitelweise interpretiert, hat den Stellenwert einzelner Reden genauer bestimmen können, darüber hinaus auch übergreifende Einheiten des Gesprächsablaufs erkannt und nach den rhetorischen Gestaltungsregeln der Gerichtsrede benannt: I, II *exordium (prooemium);* III–VII *narratio;* VIII–XXX *argumentatio;* XXXI, XXXII *refutatio;* XXXIII *peroratio* (S. 45 f. und Anm. 5; S. 104–113 f.; vgl. auch u. S. 78). Er hat auch das Schlußgebet einbegriffen – als *peroratio* oder *epilogus* zum Gesamtwerk. Durch den Mund des Ackermanns spricht der Dichter. "The author Tepl gives expression to his knowledge of the necessity for Death's function within God's order of the universe through the prayer of his creation, the Ploughman" (S. 116). – Was die Kapitelpaare XXIV/XXV und XXVIII/XXIX anlangt, so betont BÄUML noch entschiedener als BRAND, daß die Argumente, die in Menschen- und

Frauenpreis und in der Schelte vorgebracht werden, sich nicht eigentlich widersprechen, sondern lediglich pointiert verschiedene Aspekte vortragen, die erst zusammengenommen ein zutreffendes volles Bild des Gegenstandes ergeben. Daß der Autor die Vertretung dieser Aspekte auf die beiden Figuren verteilt hat, stellt einen dramatisierenden Kunstgriff (in der Tradition der Sic-et-non-Methode) dar. Der Tod durchschaut im Gegensatz zum Ackermann diesen Sachverhalt und erweist sich auch an dieser Stelle und damit uneingeschränkt bis zum Ende als der Überlegene (S. 88 f., 98, 100 f.; vgl. dazu auch u. S. 66 f.). – BÄUML überträgt das Verhältnis der Kapitelpaare, wie er es sieht, schließlich auf den Dialog insgesamt. Der Ackermann sehe die Funktion des Todes darin, daß dieser die Strafe für Sünde sei, und er revoltiere gegen den Tod, weil sich dieser im Fall Margrets falsch verhalten und die Weltordnung gestört habe. Der Tod dagegen trete nicht als Lohn der Sünde auf, sondern als ein Prinzip, das unparteilich die Harmonie des Universums zu garantieren hat. Der Angriff des Ackermanns treffe somit nicht den Tod, sondern nur seine eigene eingeschränkte Auffassung vom Tod. Das Werk als Ganzes stellt sich BÄUML dar als der über die Sic-et-non-Methode kunstvoll arrangierte Konflikt zweier "*Weltanschauungen* that actually do not conflict" (S. 119).

WALSHE *(1954)*. Ausgehend von BRANDS Analyse, sie im einzelnen korrigierend und ergänzend, hat WALSHE 1954 (S. 136; auch Ausgabe 1982, S. 13) das abgedruckte Strukturbild entwickelt.

Ich erläutere die wichtigsten Züge. Die einleitenden Kapitel 1, 2 korrespondieren den Schlußkapiteln 33, 34, und zwar chiastisch: Hatte in 1 der Ackermann unter dem Eindruck der zerstörten Weltordnung aufbegehrt und den Tod verflucht, so preist er Gott, den Garanten der Weltordnung, in 34 und unterstellt sich ihr. Während in 2 der Tod gegenüber den Anschuldigungen des Klägers seine Majestät und Gerechtigkeit deklariert, ist es in 33, als Ergebnis des Streitgesprächs, Gott, der

															Death
															Plough-man

Praise of God — All Subject to God

	Conclusion									Praise of God					

II. Suprapersonal Plane: 18 | 19 | 20 | 21 | 22 | 23 | 24 | **34** Revelation of Divine Harmony / **33** God's Justice Manifest | 26 | 27 | 28 | 29 | 30 | 31 | 32

I. Personal Plane: 3 | 4 | 5 | 6 | 7 | 8 | 9 | **25** Nature Subject to Man / **10** All Subject to Death | 11 | 12 | 13 | 14 | 15 | 16 | 17

Conclusion: Submission / Reproof & Judgement

Middle: God in Majesty / Death in Majesty — **2** Death's Justice Declared / **1** Illusion of Disharmony

Introduction: Reproof / Rebellion — Curse of Death

Man Subject to Death

Read upwards from below. Speeches of Death shown thus: ☐

Axel Waysey, M.O.C.: Der Ackermann aus Böhmen. Classica et Mediaevalia 1954 S. 130–145 gegenüber beiden Streitenden seine Majestät dartut und ein gerechtes Urteil spricht. – Der Hauptteil ist in zweimal 15 Kapitel gegliedert mit 17/18 als Wendepunkt. Ab 17 enden die Reden des Ackermanns nicht mehr mit einem Fluch; er beginnt, eine konziliantere Haltung einzunehmen; er fordert von nun an Schadenersatz und Rat. War in der ersten Hälfte der Ackermann die angreifende Partei, so in der zweiten der Tod. Die Auseinandersetzung wird von der persönlichen auf eine überpersönliche, und das ist im Stufendenken des Mittelalters: auf eine höhere Ebene gehoben, so daß sich darin bereits die Richtung 'hinauf' zum Ergebnis andeutet. – Die Kapitel des Hauptteils sieht WALSHE nicht nur in der 'Waagrechten' (also 3, 4, 5 ...), sondern auch in der 'Senkrechten' (also 3 mit 18, 4 mit 19 ...) in Beziehung gesetzt, in Beziehung allerdings von sehr unterschiedlicher Evidenz. In der Mitte stehen sich so Kapitel 10 und 25 gegenüber. In 10 entwickelt der Tod, daß alle Naturdinge, denen der Mensch beigezählt wird, der Vergänglichkeit unterworfen sind. In 25 stellt der Ackermann die einzigartige Stellung des Menschen in bezug auf die Schöpfung und auf Gott dar. – WALSHE hat im Zusammenhang mit seinem kreuzförmigen Strukturbild auf die Zahlensymbolik verwiesen, deren sich der A-Dichter bedient, am deutlichsten, wenn er das Werk nach der Lebenszeit Christi auf 33 oder 34 Kapitel anlegt. Auf dieser Ebene des Gestaltens sind wohl auch die figürlichen Abschnittsanordnungen zu interpretieren, soweit sie überzeugend nachgewiesen werden können: als Überformungen des sinntragenden Gesprächsablaufs, die Grundelemente und -bezüge des *ordo*, der Heilsgeschichte und der Werkthematik abstrakt abbilden. – Das Strukturbild HENNIGS (1969) ist o. S. 41 ff. behandelt.

DEINERT *(1962)*. Auch H. DEINERT folgt in seiner knappen Interpretation im ganzen der Linie BRAND/BÄUML. Gott bestätigt die Aussage des Todes, daß seine Macht unangreifbar sei, und der Ackermann, der aus persönlicher Not und eigentlich gegen besseres Wissen dagegen rebelliert hatte, akzeptiert diesen Schiedsspruch (S. 206 f.). Für das letzte Dialogdrittel räumt

DEINERT dem Ackermann jedoch einen begrenzten Erfolg ein. „Hier, beim Gedächtnis der Toten, ist zum erstenmal ein 'Besitz' angegriffen, den der Ackermann seinem mächtigen Gegner gegenüber mit Erfolg verteidigen kann" (S. 211). In seinen Lobreden auf den Menschen und besonders auf die Ehefrau urteilt der Ackermann differenzierter, während der Tod ein krasses, einseitig negatives, allerdings auch konsequentes Bild entwirft. „Der Tod vertritt einen stets gröber verallgemeinernden Pessimismus; der Ackermann spricht immer deutlicher von einer in relativ gut und relativ böse geteilten Welt" (S. 214). Dem Bild von der Vergänglichkeit der Welt und der Schwäche des Menschen, das der Tod in seiner letzten großen, versöhnenden Rede vorführt, kann dann aber auch der Ackermann beipflichten. – Sehr deutlich hat DEINERT auch herausgearbeitet, daß der Ackermann nicht von einem weltanschaulich geprägten, „auf den Umfang menschlicher Möglichkeiten gegründeten Übermenschentum" ausgeht, wenn er die Sache des Menschen vertritt, sondern von der konkreten Beziehung zur Gattin. Ihr Verlust ist es, der ihn im klagenden Rückblick erkennen läßt, welche Möglichkeit an „Glück und Behaglichkeit" in dieser Gottesgabe gewährt und nun durch den Tod zerstört ist (S. 207 f.). Und wenn der Ackermann in seinen Lobreden darlegen will, daß der Mensch „durchaus des Guten fähig und nicht hoffnungslos dem Bösen anheimgegeben" ist, bezieht er sich auf die Minnebeziehung, in der die Frau als „Trägerin der leitenden und ordnenden Gewalt" auftritt. Sie ermöglicht es, „ein sinnvolles Leben im Einklang mit gültigen ethischen Prinzipien zu führen..." (S. 214).

b) Der unentschiedene Ausgang

WOLFF *(1950)*. Der Verlauf des Streitgesprächs und Gottes Urteil waren einige Jahre zuvor als komplexer angelegt beschrieben worden, allerdings nur andeutungsweise in zwei knappen, überblickenden Interpretationen. WOLFF hatte in einem Vortrag herausgehoben, daß Gott in seinem Urteil nicht nur dem Tod recht gibt, sondern ebenso dem Ackermann. Der Tod hat recht, insofern er im Rahmen der *lex naturalis* das Gesetz des Entstehens und Vergehens mitvollzieht, das Gott in die Schöpfung hineingelegt hat. „Der Tod hat Recht, daß er das Leben hinnimmt, und das, was er vom Gesetz der Welt gesagt hat, war Wahrheit." Aber auch der Ackermann hat recht. „Nicht minder aber ist es in der Natur gegeben, als zwingendes Gesetz, daß sich das Leben dagegen auflehnt." Das aber heißt: „Die beiden müssen miteinander kämpfen, so wie auch die Jahreszeiten ... einen immerwährenden Krieg miteinander führen und dabei vergessen, daß sie alle von einem Höheren eingesetzt sind" (S. 30). Hatte BRAND das Ergebnis des Streitgesprächs auf die Formel gebracht: „Leben und Tod sind bei Gott" (S. 21), so heißt es zusammenfassend bei WOLFF: „Wie Tod und Leben gehört auch der Krieg zwischen beiden zum Gesetz der Welt" (S. 30). Im Schlußgebet drückt sich jedoch der Glaube aus, daß Leben und Tod in Gott dem „Wunderhaften" geheimnisvoll zusammengehören. „Diese verborgene Einheit aber, in der alles sich zusammenfindet, sich alle Dissonanzen lösen, kann der Mensch nur glaubend ahnen; unmöglich ist es, daß er sie schauen und erleben kann, solange er nur Teil im Erdgeschehen und selber nur Partei in den Kämpfen ist" (S. 31).

KUHN *(1953).* Auch er hat in seiner vergleichenden Interpretation betont, daß das Urteil Gottes den Streit nicht löse, sondern sogar eine „doppelte Gegensätzlichkeit" (S. 92) bestehen lasse. Jeder der Streitpartner ist im „Unrecht" der selbstherrlichen Anmaßung dessen, was ihm nur verliehen ist, zugleich aber mit diesem „Mißbrauch" auch im „Recht" der Notwendigkeit, seine Position behaupten zu müssen. „Der Gegensatz zwischen Glück-, Sinn- und Wertstreben auf der einen Seite und faktischer Nichtigkeit des irdischen Daseins auf der andern ist nicht aufgelöst und nicht auflösbar. Des Menschen 'Ehre' geht vor Gott nicht unter im Sieg des Todes. Der Sieg des Todes aber bleibt auch vor Gott ein Sieg über jede 'Ehre' des Menschen, auch die seiner Leistungen für sein himmlisches Heil." Befreiung im Schlußgebet: „nicht als erreichter Trost und gefundenes Ergebnis, sondern gelöst wie in Tränen der Erschütterung vor dem unbegreiflichen und doch wirklichen Ziel alles Seins: vor Gott, dem *Deus absconditus*" (S. 93). Dem Urteil Gottes in seiner Symmetrie entspricht, daß sich die Positionen der Streitenden in der zweiten Hälfte des Streitgesprächs umkehren. Der Tod, zunächst im Natur-Recht allgemeiner Notwendigkeit, wird zum Schelter jedes Sinns im Dasein des Menschen. Diesen Sinn, die „Ehre" menschlichen Lebens, aber kann der Ackermann nun mit um so mehr Recht gegen den Tod verteidigen, als er dessen allgemeine Berechtigung nicht mehr – wie zu Beginn – bestreitet (S. 90 f.).

HAHN *(1963).* Diesen Wendepunkt im Gesamtverlauf des Gesprächs hat HAHN in seiner Dissertation von 1961 (gedruckt 1963) näher zu bestimmen versucht. Der Ackermann, der zu Beginn des Streitgesprächs in blindem Schmerz gegen den Tod ausschlägt und ihn als zerstörerische Macht aus der Schöpfung auszustoßen begehrt (Kapitel I–V, die zugleich die Streitsituation exponieren), erfährt unter dem Druck der Selbstdarstellung und Rechtfertigung des Todes als einer Ordnungsmacht im Dienste Gottes eine Wandlung. Er wird schrittweise dazu geführt, seine eigene Lage bewußter zu erfassen, und genötigt, sein Recht auf Klage zu verteidigen (VI–XII), den Tod als Faktum in Rechnung zu stellen und mit ihm unter dem Stichwort der Gerechtigkeit in zunehmender Rationalität über die Bedingungen seines Falles zu verhandeln, wenn auch ohne Einigung (XIII–XVIII), schließlich um Rat anzuhalten, wie er seinen Verlust bewältigen und sein künftiges Leben einrichten könne (die entscheidenden Kapitel XIX–XXIII). Diese Stadien sind in unterschiedlicher Dichte und Genauigkeit auch mit juristisch-prozessualen Kategorien formuliert: verschärfte Anklage wegen Mordes und Gemeinschädlichkeit mit dem Antrag auf Ächtung und Todesstrafe, Anklage gegen den Ehebrecher und falschen Richter, Schadenersatzklage, Verpflichtung zu Rat und Hilfe (S. 15 ff.). Bis zu dieser Stelle deckt sich die Beschreibung im allgemeinen mit der BRANDS und BÄUMLS, nur daß bei HAHN stärker zwischen dem Einlenken des Ackermanns im Verfahren und seinem – deutlich begrenzten – Einlenken in der Sache unterschieden ist (S. 62 f.). So begibt sich der Ackermann mit seinem Ersuchen um Rat nur für den Fall seiner Forderung nach Verurteilung des Todes, daß dieser Rat überzeugend und annehmbar ist. Er ist es nicht; also wird der Ackermann in seiner Schlußrede die Anklage erneuern. Was kann der Tod in Übereinstimmung mit seiner Selbstdarstellung raten? Er hatte sich als ausnahmelos-allumfassende, wertneutral-unparteiliche, sinnvoll-notwendige *lex naturalis* gerechtfertigt, auf den anhaltenden Widerspruch des Ackermanns hin die Darlegung seiner Position jedoch radikalisiert, nicht nur im Ton wie in Kapitel XVIII. HAHN verweist auf die paradox-drastischen Definitionen des Todes in XX, vor allem auf ihre Zuspitzung in XXII, 6 f.: *Laß dir eingeen und vernim: das leben ist durch sterbens willen geschaffen.* „Das XX. Kapitel hatte das Leben in unbekümmerter Einseitigkeit in seiner Bestimmung zum Tode definiert, das XXII. hatte diesen Gedanken ins Extrem geführt: das Leben ist überhaupt nur um des Sterbens willen geschaffen. Das allgemeine Gesetz des Sterben-Müssens, die zeitliche Bestimmung des Todes als Ende des Lebens ist zu Ziel, Sinn und Zweck des Lebens verabsolutiert. Dem Leben ist jeder Eigenwert genommen; es ist vor der zentralen Position des Todes in der Weltordnung zu einem Nichts geschrumpft" (S. 65). Die Klage um den Tod der derart zum Tod Bestimmten ist sinnlos. Anempfohlen kann nur eine Haltung werden, die das Leben als das Nichts nimmt, das es ist, also: Enthaltung von allen Affekten, Verzicht auf alle positive Zuwendung und Erwartung gegenüber dem vergänglichen Leben; für den konkreten Fall des Witwers: *Treib aus dem herzen, aus den sinnen, aus dem mute liebes gedechtnüß – allzuhant wirdestu traurens überhaben* (XXII, 26 f.). Die Preisgabe des liebenden Gedenkens an die Tote bedeutete für den Ackermann jedoch die Preisgabe seiner Position in ihrem Kern, der Erfahrung der Ehe als einer von Gott eingerichteten Lebensordnung, in der sich das

Leben als sinnerfüllt, werthaltig und beglückend darstellt. Er lehnt den Rat des Todes ab. Das Gespräch schwenkt in seine Schlußkonstellation ein (XXIV–XXXII). Die Thematik erfährt eine Akzentverschiebung: „Stand zuerst der Tod vom Leben her in Frage, so ist nun das Leben vom Tode her befragt" (S. 66). Diese Befragung geschieht in den Scheltreden des Todes gegen den Menschen und die Ehefrau im besonderen und in den dagegengesetzten Lobreden des Ackermanns. Diese Reden stehen nach HAHNS Interpretation nicht außerhalb der „Baulinie" (HÜBNER, BRAND) und sind in mehr als nur einer allgemeinen Weise (weltweite Sicht: subjektives Erleben, BÄUML 1960, S. 100 f.) auf die Positionen von Tod und Ackermann bezogen; sie setzen deren Argumentation konsequent fort. Wenn der Tod das Leben angesichts seiner Vergänglichkeit von der Geburtsstunde an und seines unabdingbaren Endes zu einem Nichts erklärt, ist es nur konsequent, da Widerstand auftritt, diese Nichtigkeit in entsprechenden Symptomen aufzudecken. Die Literatur *de contemptu mundi* stellt Denkschema und drastisches Anschauungsmaterial bereit (S. 65). Solange der Tod als wertneutrale *lex naturalis* auftrat, konnte er den Kläger in die Defensive verweisen. „Jetzt aber, da er seine Stellung absolut setzt und das ihm Unterworfene zu schmähen anhebt, und das heißt doch: in seinem Wert und Sinn, in seinem Anspruch und seiner Berechtigung, kurz: in seiner *ere* vernichtet, muß ihm nicht nur Widerspruch werden, sondern kann ihm dieser von fester Grundlage aus werden. Der Ackermann stellt seine Verteidigung in den Rahmen der Schöpfungsordnung (wie sich der Tod im Rahmen der Weltordnung gerechtfertigt hatte) und läßt sich den Wert des Menschenlebens von hier aus garantieren" (S. 67). In den Schelt- und Lobreden will der Autor nicht Aspekte entwickeln, die sich zu einem vollen Bild des Menschen und der Ehefrau bzw. ehelichen Lebens ergänzen (BRAND, BÄUML). Sie sollen einander widersprechen, und sie tun es, indem sie je das Bezeichnende, das Repräsentative des Gegenstands definierend herausheben (das ist der Mensch, die Ehefrau!), neben dem anderes kaum erwähnenswert ist. BÄUML hat diese Verständnismöglichkeit angedeutet (1960, S. 88), sie aber nur zugunsten des Todes gelten lassen. Nach HAHN ist in diesen Kapiteln dem Ackermann die ruhige, auch differenzierende Darlegung seiner Position zugeteilt: daß das Menschenleben im Rahmen der göttlichen Schöpfungsordnung, zumal in der Lebensform der Ehe, trotz aller Anfälligkeit bejahenswerten Sinn in sich selbst habe; während es nun der Tod ist, der mit erhöhter Emotionalität auf das Leben einschlägt – Umkehrung des Gesprächs auch in dieser Beziehung.

Aus dieser spiegelbildlichen Symmetrie des Gesprächsverlaufs ist gefolgert, daß der Autor zwei gleichwertige Positionen entwickelt und konfrontiert hat (S. 92 ff.), deren Gleichwertigkeit – im richtigen wie im falschen Anspruch – Gottes Urteil in seiner Symmetrie bestätigt. Der Tod: Allgemeines Gesetz des Vergehenmüssens, durch Autoritäten legitimiert, von Gott selbst eingesetzt, über die Ratio verständlich. Der Versuch des Klägers, ihm die Existenzberechtigung abzusprechen, muß scheitern. Gott erkennt ihm *sig* zu, die Macht, weiterhin Leben abzuberufen. Nur insofern ist der Tod Sieger im Streitgespräch, als ihm dieses Recht zu Beginn bestritten, am Ende zuerkannt wird, aber nicht aufgrund überlegener Einsicht und Argumentation (gegen BRAND, BÄUML). Angegriffen ist er zwar gezwungen und damit berechtigt, die *warheit* zu sagen: seine Stellung umfassend und wirksam darzulegen. Als ihm der Ackermann aber – unverständlicherweise – die Beipflichtung versagt, radikalisiert er seine Selbstdarstellung. Erst Ordnungsmacht, wird er nun zum Gegenspieler des Lebens, dessen Eigenwert er leugnet, und muß den Tadel Gottes hinnehmen, er habe verliehene Macht selbstherrlich in Anspruch genommen. Der Ackermann: In der liebenden Beziehung auf seine Gattin, in unmittelbarer Werterfahrung hatte sich ihm das irdische Leben als sinnerfüllt dargestellt, als geordnet von den leiblichen Bedürfnissen über den sittlichen Antrieb bis hin zum geregelten Verhältnis zu Gott. Er konnte diese Ordnung jedoch auch objektiv absichern durch Autoritätenurteil und das *zumale gut beschaffen* (XXV, 6 f.), das Gott selbst über seine Schöpfung gesprochen hat. Der Versuch des Todes, den Wert irdischen Lebens herabzusetzen, muß scheitern. Gott spricht dem Lebensverteidiger die bestürmte *ere* zu. Diese sinnvolle Ordnung aber ist durch den Eingriff des Todes, der als schlechthin unverständlich erscheinen muß, zerstört. Die Klage, die sich auf das verlorene Glück und gegen den Tod wendet, hat vor Gott das Recht des Zwanges. So aber, wie sie eingangs vorgebracht wird, als der Ackermann seine Position radikal durchzusetzen versucht und dem Tod als einem Verbrecher die Existenzberechtigung prinzipiell abspricht, enthüllt sie einen ungebührlichen selbstherrlichen Daueranspruch auf eine verliehene Gabe, der von Gott zurückgewiesen werden muß. Streitgespräch und Urteil zeigen beide Partner in einem Recht, das, unter dem Druck der Gegenansprüche exkludierend wahrgenommen, in Unrecht übergeht. Der gesamte Streit ist zugleich unberechtigt und unausweichlich. Gottes Urteil eröffnet eine „Lösung" nur darin, daß es Gott als den gemeinsamen Ausgangspunkt von Befugnissen erscheinen läßt, die auf dieser Erde nicht in Einklang zu bringen sind. Das Schlußgebet ist bei HAHN auf der Linie WOLFF-KUHN als abschließender Akt gläubigen Vertrauens darauf gedeutet, „daß in Gott, dem Ursprung jeder Gabe, aller Macht und jedes Rechts geeint ist, was hier, auf dieser Erde, unvereinbar klafft" (S. 108). In diesem Gebet wird die Stimme des Autors, die im Streitgespräch auf die Reden des Klägers und des Angeklagten und deren Ringen um den Sinn von Tod und Leben verteilt war, identisch mit der Stimme des Ackermanns.

Was den geschichtlichen Ort dieser Auseinandersetzung anlangt, so legt HAHN Wert auf die Feststellung, daß in ihr nicht ein neues gegen ein altes Programm gesetzt ist. „Ein unterschiedliches Zeit-, ein getrenntes Epochenbewußtsein ist in die Gestaltung der Figuren nicht eingegangen. Es steht nicht Programm gegen Programm, hie Mittelalter, hie Renaissance; es steht Ordnung gegen Ordnung. Beide wenden sich mit gleichem Anspruch an den Autor, und die Schärfe ihrer Reibung entsteht gerade daraus, daß beide in einem Vorstellungsraum existieren und nicht zeitlich als alte und neue Anschauung befriedet werden können. Dieser Vorstellungsraum ist, wenn man die breiten Epochenbegriffe beibehalten will, eher als mittelalterlich zu bestimmen. Für den Tod und seine Argumente hat dies zuletzt BÄUML noch einmal umfassend dargetan" (S. 115). Auch für die Ackermannfigur, und zwar gerade für ihre betonte und verteidigte Diesseitsbejahung, ist nach HAHN ein mittelalterliches Denk- und Gestaltungsmodell herangezogen und erneuert, das Modell der Minne. Längst aus der ursprünglichen höfischen Sphäre herausgelöst, neuen sozialen Gegebenheiten angepaßt, religiös eingefärbt, auf die Ehefrau übertragen, steht es dem Autor von 1400 noch immer mit seinem Grundgehalt zur Verfügung: daß in der Beziehung auf die Frau als ein irdisches Wertezentrum das diesseitige Leben als werthaltiges, in sich sinnvolles begriffen und bejaht werden kann (S. 96–103). Was als neues Moment angesehen werden kann, ist nicht die Diesseitsbejahung der Ackermann-Figur, sondern daß diese so konsequent ausgebaut und so hartnäckig, bis zum Ende, gegenüber dem Prinzip der Vergänglichkeit, das der Tod vertritt, durchgehalten ist. Diese Gestaltung läßt sich fassen als „Detail-Perspektivismus: einzelne Perspektiven eines Themas werden ohne Koordinierung nebeneinander her entwickelt. Das unentschiedene Streitgespräch ist eine geläufige Erscheinung im späten Mittelalter. Gerade in dieser Hinsicht: daß als real erfahrene Einzelheiten, scharfsinnig begrenzte Perspektiven, mit neuer Unmittelbarkeit ergriffene Lebensbereiche die Gesamtsysteme der Welt sprengen, führen Humanismus und Renaissance das Spätmittelalter konsequent fort ... so daß sich die Fragestellung 'Mittelalter oder Renaissance im *Ackermann*' als zu grob und unscharf und letztlich irrelevant erweist" (1964, S. 74).

Kritisch ist anzumerken: HAHNS Analyse des Aufbaus läßt sich nicht einfachhin auf terminologischer Ebene bestätigen. Daß die *ere*, die Gott dem Kläger zuspricht, tatsächlich mehr ist als die wohlwollende Anerkennung für tüchtiges Einstehen im rhetorischen Gefecht, das er dennoch verloren hat, daß Gott mit ihrer Zuerkennung dem irdischen Leben die Würde eines Sinnes in sich selbst zuspricht, geht ja nicht bereits aus dem Begriff und seinem engsten Kontext hervor, sondern ist dem Stellenwert der Preis- und Scheltkapitel entnommen, in denen wiederum der Terminus der *ere* keine hervorgehobene Rolle – etwa als Sammelbegriff – spielt. Ebenso ist nicht einfach dem Begriff zu entnehmen, sondern aus dem Gesamtablauf interpretiert, daß der *sig* des Todes die Anerkennung seiner faktischen Macht und nicht seiner argumentativen Überlegenheit bedeuten soll, oder daß die *warheit*, die der angeklagte Tod auszusprechen gezwungen ist und die Gott anerkennt, sich auf die Darlegung seiner Naturgesetzlichkeit bezieht, nicht auf seine Schelte, die er selbst sogar ausdrücklich als *warheit* (XXIV, 5) ankündigt. Es ist ferner nicht dem Wortlaut zu entnehmen, ob Tod und Ackermann in ihren Schelt- und Lobreden wirkliche Ausnahmen machen wollen oder ob die entsprechenden Wendungen nur Mit-Verlaub-Formeln darstellen, unter deren Schutz die jeweilige „Wahrheit" um so ungeschminkter ausgedrückt werden kann. Wenn auch auf der anderen Seite die genannten Begriffe und Wendungen nicht der Auffüllung aus der Aufbauanalyse, wie sie HAHN gibt, widersprechen, ist diese Grenze seiner Beweisführung deutlich zu vermerken.

BUCHTMANN *(1959)*. Ungefähr gleichzeitig und ohne gegenseitiges Wissen entstand BUCHTMANNS Dissertation. Der Verfasser kommt in seiner genau dem Text folgenden, bewußt kapitelweise vorgehenden Untersuchung (S. 7) zu Ergebnissen, die in der Korrektur BRANDS und in der Beschreibung des Dialogablaufs weitgehend mit denen HAHNS übereinstimmen. Auf eine geschichtliche Einordnung ist programmatisch verzichtet (S. VI). Der Ablauf bis zur entscheidenden Wende wird für den Ackermann so zusammengefaßt: „Nachdem der Kläger eine größere Distanz zum Verlust seiner Frau gewonnen hatte, waren seine Darlegungen sachlicher und verständiger geworden. Vom 13. Kapitel ab hatte deshalb nicht mehr sein Leidempfinden, sondern sein gekränktes Rechtsgefühl die Grundlage seiner Argumentation abgegeben. Seine Auffassung war besonders nachdrücklich im 17. Kapitel vorgetragen worden, wo er dem Tode die Ungerechtigkeit seines Wirkens vorhielt. Im 19. und 21. Kapitel hatte der Ackermann diesen Standpunkt nicht verlassen, wenngleich er dort wegen der *ungerechtigkeit* (XIX, 28 [nach Ausgabe KROGMANN]) des Widerparts nicht mehr sich empörte und anklagte, sondern in *bescheidenheit* (XIX, 21 f.) einfach auf sein Recht hinwies (XIX, 12 f.; XXI, 22 f.) und *nach großer untat* (XIX, 29 f.) einen Schadenersatz verlangte (XIX, 18 f.; 29 f.; XXI, 22 ff.)" (S. 182). Was den Tod anlangt, leitet das XVIII. Kapitel einen neuen Abschnitt ein. Hatte der Tod bis dahin argumentiert: „Alle Menschen haben, aller Unterschiede zwischen ihnen ungeachtet, ein gleiches Schicksal, dem sie nicht entgehen können . . ." (S. 149), so beginnt der Tod nun, alles Streben des Menschen herabzuwürdigen. „Ein Angriff auf den Sinn des Daseins schlechthin hebt also mit dem 18. Kapitel an" (S. 150). In XX erscheint der „Ablauf des Menschenlebens vom Tode vorbestimmt ... In dieser Gesetzmäßigkeit wird kein Raum gelassen, den Sinn des Lebens selber zu beschreiben. Es wird bewußt der Anschein erweckt, als gäbe es diesen Sinn nicht, sondern als läge alles Wesentliche dort, wo der Tod herrscht" (S. 161). XXII, 9 f. *(das leben ist durch sterbens willen geschaffen)* besagt: „Im Tode liegt das Ziel des Lebens, und das Leben ist gewissermaßen zu einer Vorstufe herabgewürdigt" (S. 176). Der Tod gebraucht, worauf schon WALSHE (Ausgabe 1951, S. 64 f.) aufmerksam gemacht hatte, *mensche* verächtlich als Neutrum, während es der Ackermann (und dann auch Gott) als Maskulinum verwenden. Als ihn der Ackermann zu raten bittet, wie er sein Leid überwinden könne, kann dieser Rat nur sein, „ein Leben ohne Gefühlsbewegung zu führen, am Leben teilzuhaben, ohne innerlich beteiligt zu sein (S. 178) ... sich möglichst weit von allem Lebendigen zu entfernen und sich immer näher mit dem Sterben in diesem weiteren Wortverstand als dem einzigen Vorgang von Bedeutung vertraut zu machen" (S. 180). Diesen Rat, der die Preisgabe des Gedenkens an die Verstorbene beinhaltet, kann der Ackermann nicht annehmen, und der Weltanschauung, die ihn trägt, muß er widersprechen. Damit treten wir in den abschließenden Komplex der Kapitel

XXIII–XXXII ein. In der Verteidigung des Sinnes des Lebens gewinnt der Ackermann eine neue, überpersönliche, vernunftmäßige Begründung, die es ihm ermöglicht, den Aussagen des Todes „siegreich" (S. 206) entgegenzutreten und seine Anklage bis zum Ende durchzuhalten (S. 196). Dem Tod bleibt gegenüber diesem gelingenden Widerspruch jeweils nichts übrig, als überheblich „auf seine unerschütterliche Macht hinzuweisen, vor der der Mensch in seinem Tun und Lassen sich schließlich doch als nichtig und eitel erweisen muß" (S. 194). – In der Beschreibung des Schlußteils sind gegenüber HAHN, bei aller Übereinstimmung in der großen Linie, einige Akzente anders gesetzt. Während nach HAHN der Ackermann nach der Streitphase um die „Gerechtigkeit" des Todes (Zeitpunkt, Qualität der Betroffenen) im Verfahren einlenkt, ohne in der Sache beigestimmt zu haben, deutet BUCHTMANN die Eingangssätze des XXIII. Kapitels – bei HAHN abwehrende Ironie – dahin, daß der Ackermann jetzt als *warheit* akzeptiere, was der Tod, sich rechtfertigend, darüber ausgeführt hat (S. 181 ff.). Zugleich gibt BUCHTMANN dem Motiv des Gedenkens ein größeres Gewicht. Daß der Ackermann so entschieden ablehnt, mit den Affekten auch das Gedächtnis der Toten aufzugeben, enthüllt nach HAHN (1963, S. 66) den innersten, unaufgebbaren Kern seiner Position, den er aber immer bereits vertreten hatte, auch im wilden Ausschlagen gegen den Tod, und den er nun rational und prinzipiell vertreten wird: daß das irdische Leben Sinn und Recht in sich selbst habe. BUCHTMANN betont den Vorgang einer Wandlung. War dem Ackermann das Gedenken an die Tote zuerst Anlaß zu Schmerz und Klage, so wird ihm nun am falschen Rat des Todes klar, daß im „Er-innern" der Wert des Lebens gegenüber der Vergänglichkeit des Leiblichen bewahrt, der Tod in gewisser Weise überwunden werden kann: „Es ist jetzt dem Ackermann gelungen, durch die Treue seines Gedenkens die ihm so wichtigen Werte vor der Vergänglichkeit, der der Leib der Frau gemäß *der werlte ordenung* (XXII, 12) anheim fallen mußte, zu bewahren" (S. 200). „Der Ackermann erscheint somit in gewissem Sinne als Sieger in der Auseinandersetzung mit dem Tode" (S. 201). Er nimmt, dem Tod jetzt überlegen, für sich erkennend vorweg, was Gott dann im Urteil bestätigen wird: daß die Macht des Todes und die Art, wie er sie ausübt, zwar eine unangreifbare Gegebenheit, aber darin begrenzt ist, daß ihr der Wert des Lebens entzogen bleibt. BUCHTMANN glaubt entsprechend, aus dem Urteil Gottes, dessen Symmetrie in Tadel und Anerkennung beider Streitenden präzis analysiert ist, vorsichtig sogar „eine gewisse Parteinahme für den Ackermann" heraushören zu können: „Der Ackermann hatte dem Tode all das zugestanden, das auch Gott ihm zuspricht; Gott hingegen bestreitet dem Tod ebenso wie der Kläger das Recht, sich selbst als Maß aller Dinge zu setzen und sich verachtend über den Menschen zu erheben, da dessen *ere* (23) in dem so verstandenen Sieg des Todes nicht untergeht" (S. 213). Im Schlußgebet spricht epilogartig der Dichter selbst, dessen Werk auf ein persönliches Erlebnis zurückgeht. BUCHTMANN hebt die Stellen heraus, die mit den Darlegungen der Ackermannfigur zusammenklingen: „man wird annehmen dürfen, daß die Entwicklung des Ackermanns die Art und Weise widerspiegelt, wie Johannes von Tepl seinen Kummer überwand und durch den Jenseitsglauben einen Weg zu neuer Erdbejahung fand" (S. 214 f.).

Die angedeuteten Abweichungen zeigen, daß BUCHTMANNS ungedruckt gebliebene Dissertation trotz weitgehender Übereinstimmung in den großen Interpretationslinien keineswegs durch HAHNS gedruckte Arbeit ersetzt ist und für jede Untersuchung von Aufbauproblemen gesondert herangezogen werden muß. Stark ist bei ihm herausgearbeitet, daß der Ackermann zwar von seinem Einzelfall ausgeht, diesen aber vom I. Kapitel an zu allgemeiner Bedeutung erhebt. Die Analyse des Gedankengangs ist weit mehr als bei HAHN durch Stilanalysen abgesichert, die ein dichtes Netz von Anspielungen zwischen den Reden sichtbar machen. Einzelne Kapitel (z. B. XVIII) und Motivkomplexe (z. B. Schadenersatz-Rat, Gedenken) sind genauer analysiert und einbezogen. Die Auseinandersetzung mit BRAND ist detaillierter. Eine überblickende Zusammenfassung wäre dienlich gewesen.

2. Der Ackermann und das genus iudiciale

BORCK *(1963)*, BRANDMEYER *(1970)*. Einen andersartigen Vorschlag, das Werk als gegliederte Einheit zu fassen, hat BORCK gemacht. BURDACHS Versuch, die juristischen Elemente als zusammenhängende dichterische Nachgestaltung eines juristischen Prozesses der Zeit zu deuten, ist gescheitert; die Einheit auf der Basis der Argumente steht seit HÜBNERS negativem Urteil in Frage. Es gibt jedoch einen Bereich, in dem Juristisches und Rhetorisches, deren Zusammentreten den *A* kennzeichnet, „seit alters her in engster Verbindung stehen: das *genus iudiciale*" (S. 404 f.). Werdegang und Beruf des Magisters Johannes lassen voraussetzen, wenn wir auch seine konkreten rhetorischen Quellen im einzelnen kaum ermitteln können (vgl. u. S. 81 f.), daß er über Kenntnisse verfügte, „die es ihm gestatteten, sich für sein dichterisches Schaffen vom *genus iudiciale* anregen zu lassen" (S. 407 f.).

BORCK gliedert den *A* nach den traditionellen Stadien der Gerichtsrede. Das erste Kapitel stellt das *exordium* für die Reden des Ackermanns dar. Gewählt ist die Variante, die nicht von der Sache, sondern von der Person des Angeklagten ausgeht: dieser wird mit stark affektischer Wirkung sofort als der „Feind *Gotes, aller leute und jeglicher schepfung*" (S. 408) abgestempelt. Das Eingangskapitel ist zugleich *prooemium* des gesamten Dialogs. „Kapitel 3 und 4 entsprechen der *narratio*. Der Kläger berichtet in gebotener Kürze, *quid in controversia sit*, und sein Widersacher ergänzt und bestätigt die von ihm gemachten Angaben. Das 5. Kapitel leitet zur *argumentatio* über, die seit je als der wichtigste Redeteil galt und daher auch hier den breitesten Raum einnimmt. Der Ackermanndichter gibt ihr nach dem 18. Kapitel eine Wendung [Forderung nach Schadenersatz, die aber die Grundpositionen der Streitenden unangetastet läßt, S. 415] und erreicht damit eine klare Gliederung des Hauptteils in zweimal 14 Kapitel. Die Schlußworte beider Redner fassen die vorgebrachten Argumente in der Art von *conclusiones* zusammen. Kapitel 33 ist mit Bedacht dem Urteil Gottes vorbehalten. Ein Gebet des Dichters bildet den Beschluß.

Da sein Umfang etwa den ersten vier, dem Hauptteil vorangeschickten Kapiteln entspricht, stellt sich der Grundriß des Streitgesprächs, vom *genus iudiciale* her gesehen, als ein wohlabgewogenes Ganzes dar" (S. 409 f.). Was BÄUML (o. S. 58) angedeutet hatte, ist hier systematisch entwickelt und korrigiert. – Von den Lehrpunkten und Vorschriften des *genus iudiciale* hat BORCK selbst nur die grundlegenden entwickelt und diese nur an ausgewählten Stellen des *A* exemplifiziert. So die zentrale Lehre von den *status causae*, in der die Art des Streitfalls klassifiziert und die angemessene Beweisführung festgelegt wird. Der unserem Dialog zugrunde gelegte Fall entspricht dem *status qualitatis*: „Der Beschuldigte steht zu seiner Tat, nimmt aber für sich in Anspruch, rechtmäßig gehandelt zu haben. Zur Klärung bedarf es einer Antwort auf die Frage: *an recte fecerit?*" (S. 410). Der Tod bekennt sich zu seiner Tat und unternimmt es, seine *rechtfertigkeit* zu beweisen. Mitgeführt ist aber auch der *status translationis*, wenn der Tod dem Ackermann als einem *sinnelosen man* das *ius actionis* nicht zugestehen will (S. 411). Eine Tat hat als rechtmäßig zu gelten, „wenn sie *natura, lege, consuetudine, iudicato, aequo et bono* oder *pacto* als solche erwiesen" ist (S. 412). Wenngleich solche Rechtsnormen auf menschliches Verhalten zielen, scheint sie Johannes doch auch für die Verteidigung des Todes genutzt zu haben, etwa wenn er dessen Handeln in den Rahmen der *naturen würken* stellt (S. 412).

Den Rahmen, den BORCK vorgegeben hatte, füllt BRANDMEYER im III. Hauptteil seiner Dissertation von 1968 (gedruckt 1970) auf. Kapitelweise fortschreitend versucht er, die Aussagen des Ackermanns und des Todes sowie ihre rhetorische Ausformung konsequent im Modell der Gerichtsrede zu deuten: als Mittel, die eigene Position als eine Rechtsposition aufzubauen und zu verteidigen sowie die gegnerische zu erschüttern, als Mittel, den Richter und das Auditorium zugunsten der eigenen Position und zuungunsten der gegnerischen wirkungsvoll zu beeinflussen. Sein Vorgehen kann hier nur mit einigen Beispielen belegt werden. – Die *lamentatio* des Ackermanns drückt nicht seine emotionale Befindlichkeit aus, sondern führt den *dolor*-Affekt vor, um die Schuld des Angeklagten zu beweisen und den Richter zu beeinflussen. Wenn der Ackermann also gleich nach Beginn des V. Kapitels wieder in seine Klage verfällt, kommentiert BRANDMEYER: „Die folgende, breit angelegte *conquestio* kann als Versuch des Ackermanns verstanden werden, sein Leid als Folge des Verlustes, den er durch die Schuld des Todes erlitten hat, noch einmal überzeugend darzustellen und das Mitleid des Richters zu gewinnen" (S. 97). – Wenn die Klage des Ackermanns im IX. Kapitel in einen enthusiastischen Preis der Gattin übergeht, ein Vorgang, der bei BUCHTMANN und HAHN als ein erstes Sichlösen aus der *dolor*-Befangenheit beschrieben wird, interpretiert BRANDMEYER: „Der Schaden, den ihm der Tod zugefügt hat, muß um so größer erscheinen, je eindrucksvoller der Ackermann das Glück, das er mit Margaretha genießen durfte, zu vergegenwärtigen weiß" (S. 105 Anm. 1). – Die folgende Aussage des Todes: *Er ist tumb, wer beweinet den tot der totlichen* (VIII), ist in der Form einer Sentenz verfaßt, die die *adnominatio tot–totlichen* benützt. BRANDMEYER begnügt sich nicht mit dieser Feststellung, sondern arbeitet die argumentierende, beweisende Stoßrichtung dieser rhetorischen Formulierung heraus: „Diese Sentenz bedarf keines begründenden Nachsatzes, weil die *adnominatio* 'tot–totlichen' bereits die Begründung enthält. Wenn der Mensch nämlich als der *totliche* zu definieren ist, dann kann sein Tod nur als Konsequenz dessen verstanden werden, was in der Definition bereits angelegt ist ... Der Stellenwert der Sentenz des Todes im Zusammenhang dieses Streitgesprächs ist evident: Das Verbum *beweinen* aus der Rede des Ackermanns wiederaufnehmend, soll sie das Recht zur *lamentatio* in Frage stellen und somit die Basis der Anklage erschüttern" (S. 83).

Der Wert der Untersuchung BRANDMEYERS besteht ohne Zweifel darin, daß er ausgehend vom *genus iudiciale* die argumentative Kraft und Stoßrichtung einer Fülle von Aussagen und rhetorischen Mitteln im *A* erschlossen hat. Dieser Fundus kann und muß künftig auch von denen benutzt werden, die das Werk weiterhin eher als einen weltanschaulichen Disput ansehen. Wie steht es mit dem weitergehenden Anspruch, daß das *genus iudiciale* das Muster für die Grundstruktur des *A*, eine Art Gattungsmuster bilde? BRANDMEYER hat den Zusammenhang wie folgt dargestellt: Johannes begreift das „Phänomen 'Tod'" unter zwei Aspekten: „er reflektiert es als konkrete Leiderfahrung eines einzelnen und als eine von Gott zum Gesetz erhobene allgemeine Notwendigkeit". Zur Darstellung bedient er sich „der poetischen Form eines Streitgesprächs" zwischen Mensch und Tod, die dadurch in die Sphäre des Rechts gerät, als für den Ackermann „das unverschuldet erfahrene Leid fast notwendig den Zweifel an der Rechtmäßigkeit dessen impliziert, was geschehen ist. Ebenso folgerichtig verteidigt sich der Tod mit dem Hinweis auf das allgemeine Lebensgesetz; sofern nämlich seine Tat durch dieses Gesetz gedeckt ist, kann er ihre Rechtmäßigkeit behaupten ... Die fingierte Prozeßsituation bedingt nicht nur eine der Alternative *iniustum–iustum* entsprechende systematische Scheidung der verschiedenen Aspekte des einen Phänomens 'Tod', sie führt auch dazu, daß das unter diesen Aspekten vom Autor Erkannte, sofern es in der Rede einer der beiden Parteien zur Sprache kommt, als Argument formuliert wird. So behauptet der Ackermann nicht nur, daß ihm *leid* widerfahren sei, sondern leitet daraus unmittelbar die Berechtigung zur *accusatio* ab; so begnügt sich der Tod nicht mit der Feststellung, alles Irdische sei vergänglich, sondern münzt daraus ein Argument gegen die Anklage, indem er sagt: *Er ist tumb, wer beweinet den tot der totlichen.* – Beider Rede ist parteiliche Rede, gestaltet mit den Mitteln der Rhetorik, einer Theorie, die immer als Lehre von der parteilichen Rede verstanden worden ist" (S. 84 f.). Der entscheidende Satz: „Die Situation, in der Ackermann und Tod vorgeführt werden, verweist speziell auf das *genus iudiciale*, auf die Gerichtsrede also, die nach Aristoteles in *accusatio* und *defensio* zerfällt ... der als *tempus* das *praeteritum* zugeordnet ist ... und in der es um die Alternative *iniustum–iustum* geht ..." (S. 85). Im Schlußwort (S. 161) wird die „Lehre vom *genus iudiciale*" als „eine den Bedingungen dieses Streitgesprächs adäquate Theorie der Rede" bezeichnet.

Die wichtigsten Einschränkungen, die hier zu machen sind, hat bereits BÄUML zusammen mit dem ersten Hinweis auf die Gerichtsrede vorgebracht (1960, S. 45 f. u. Anm. 5). Ich fasse zusammen und ergänze. – Das *genus iudiciale* gibt Anweisungen für den Gerichtsredner, der seine Parteisache wirkungsvoll vor dem Richter (und Auditorium) vertreten und ihn auf seine Seite bringen will. Im *A* stehen sich zwei Gegner gegenüber, kommen wechselweise zu Wort und versuchen Überzeugungswirkung aufeinander auszuüben. Das ist, auch wenn die Reden als Anklage und Verteidigung formuliert sind, die Grundsituation des Streitgesprächs, wie sie etwa bei KROGMANN (Ausgabe S. 41 ff.) mit Parallelen belegt ist. BORCK: „Allerdings machte der dialogische Bau des Streitgesprächs eine freie Handhabung nötig und führte damit zu einer gewissen Auflockerung des Schemas" (S. 409; vgl. auch BRANDMEYER S. 100 Anm. 1 in bezug auf die Zwischenstellung von V zwischen *narratio* und *argumentatio*). – Die Streitenden des *A* berufen sich für ihr Anliegen auf Gott und rufen ihn an. Gott ist aber nicht wie der Richter in der Gerichtsrede unmittelbarer Adressat der argumentierenden Reden, und wichtiger: indem Johannes Gott selbst zur obersten Instanz wählt, wählt er nicht jemand, von dem vorstellbar wäre, daß er im Sinne der Gerichtsrede in einer offenen Rechtssache durch geschickte Vertretung eines Parteistandpunkts in seinem Urteil zugunsten dieses Standpunkts beeinflußt werden könnte; vom Schöpfer der Welt, ihrem Erhalter und *heiland* wird im Streit authentische Darstellung der Ordnung dieser Welt erwartet. – BRANDMEYER hat konsequenterweise das Urteil Gottes und das Schlußgebet nicht in seine Analyse einbezogen, da diese Stücke außerhalb des Geltungsrahmens der Gerichtsrede liegen. Johannes hat sie angefügt und damit sein Werk in zwei Stücken, auf die der Dialog hinläuft und die zentrale Bedeutung für seine Interpretation haben, über die Grenzen des *genus iudiciale* hinausgeführt. – Gestaltungsvorschriften für die Gerichtsrede, angefangen von der Großgliederung mit kontaktschaffender Einleitung, Sach- und Intentionsdarlegung, Argumentation zur Sache und Schlußzusammenfassung bis hin zu einzelnen *praecepta*, sind in andere Redegenera und -situationen übertragen worden, aus denen wiederum Einflüsse zurückwirkten, oder sie sind ihnen von vornherein gemeinsam, so daß bei der *A*-Interpretation schwer feststellbar ist, wieweit für rhetorische Elemente ein bestimmter *genus*-Zusammenhang mitgemeint ist. Das gilt z. B. für die *laudatio* und *vituperatio*, wie sie das letzte Dialogdrittel bestimmen. Sie lassen sich durchaus als traditionelle Mittel auch des *genus iudiciale* nachweisen, und, innerhalb des *A*, im „Dienste der Beweisführung" analysieren (BORCK S. 415; vgl. auch BRANDMEYER S. 133 ff.). In ihrer thematischen Ausweitung aber als breit angelegtes Lob der *dignitas hominis* und als Schelte des Menschen aufgrund der *miseria conditionis humanae* überschreiten sie zugleich ihre engere taktische Aufgabe in der Gerichtsrede, „den Gegner herabzusetzen und die eigene Sache in ein möglichst günstiges Licht zu rücken" (BORCK S. 415). Das Frage-Antwort-Verhältnis von XV und XVI sieht BRANDMEYER (S. 120) durch den Schüler-Lehrer-Dialog, ein Modell der didaktischen Literatur, mitbestimmt. Der Fragekatalog von XV (*wer, was ... = quis, quid ...*) findet sich in allen Bereichen der Rhetorik (BORCK S. 414 Anm. 50; BRANDMEYER S. 120 Anm. 4; HRUBÝ 1971, S. 103 ff.). Und so fort.

Die Frage ist also, ob der *A* zutreffender als Streitgespräch über gegensätzliche Auffassungen dessen, was Tod und Leben in ihrem gegenseitigen Verhältnis sind, interpretiert werden kann, als Streitgespräch, das kraft der Sachargumente der Streitenden und ihres emotionalen Bezuges zu ihnen in seine Stadien geführt wird, wobei der Autor, um die Verbindlichkeit des Dargelegten zu zeigen und den Diskussionsgang zu verdeutlichen, auch Rechtsformen beizieht, und zwar nicht nur Prozeßelemente, sondern, wie mit BORCK und BRANDMEYER feststeht, auch das Argumentationspotential des *genus iudiciale* – oder ob der *A* zutreffender als ein Werk aufgefaßt werden kann, das im Gesamtaufbau, in den einzelnen Phasen und Reden nach dem Modell und den Vorschriften des *genus iudiciale* geformt ist, wobei jedoch die Besonderheit des Themas und die Entscheidung des

Autors für eine dialogische Behandlung eine gewisse freiere Handhabung erforderten. Diese Frage bedarf in der Forschung weiterer differenzierter Behandlung.

Sie berührt durchaus die inhaltliche Interpretation. In der Gerichtsrede wird ein Parteistandpunkt, der von Anfang an festliegt und sich nicht ändert, wirkungsvoll vertreten; was sich ändert, ist die Argumentationstaktik. In den Interpretationen, die die Reden des Ackermanns und des Tods danach modelliert sehen, wird entsprechend betont, daß die Streitenden nicht ihre Positionen und ihren Rechtsanspruch, sondern lediglich ihr Argumentationsverfahren ändern. BORCK in seiner Interpretationsskizze zur umstrittenen Stelle, da der Ackermann von der Raubklage zur Schadenersatz- und Ratforderung übergeht: diese Forderung ist als Rechtsanspruch vorgetragen; die Mahnung des Todes, sich in das Sterben als unabänderliches Schicksal zu fügen, ist ein Akt der Selbstrechtfertigung (S. 415). Auch die Lob- und Tadel-Reden wollen die Gegenposition erschüttern und stehen dadurch „letztlich im Dienst der Beweisführung" (S. 415 f.). Bemerkenswert ist BORCKS Deutung des Schlusses. Wenn der Tod in seiner letzten Rede angesichts der allgemeinen und insbesondere der gegenwärtigen Verderbtheit behauptet: *Tut nu jemant ichts gutes, das tut er uns besorgend* (XXXII, 12 f.), so faßt BORCK diese Stelle nicht auf als erneute Selbstherrlichkeitsbekundung des Todes, sondern als Überleitung zur ernsten Warnung, „über dem *lamentari* nicht zu vergessen, wozu dem Menschen Vernunft verliehen ist: angesichts des Todes der eigenen Seele zu gedenken" (S. 417). Dieses Schlußwort aber erfahre durch das Urteil Gottes Bestätigung. „Der Tod erhält den Sieg. Er hat *rechte gewürket,* als er dem Ackermann die Frau nahm. Diesem aber wird zugestanden, daß ihn sein Leid zu *klagen twinge.* Doch das kreatürliche Recht zur *lamentatio* begründet weder eine Anklage des Todes, noch darf es zum Lebensinhalt werden. Im Schlußsatz des Urteils wird daher die Sterblichkeit des Menschen zu seiner Pflicht in Beziehung gesetzt, die Seele Gott zu überantworten" (S. 418). Gott erkennt die Verteidigung der *dignitas* des Menschen an, wenn er dem

Kläger *ere* zuspricht. Gerade diese Anerkennung enthält aber den „Appell", „vom *edelen hort der vernunft* den rechten Gebrauch zu machen" (S. 418). Der Tadel, der auch dem Tod zuteil wird, ist in dieser Interpretation übergangen. Er betrifft seine Selbstherrlichkeit. Gottes alleiniger Anspruch auf das kostbarste Teil des Menschen, seine Seele, richtet sich auch gegen den Tod.

BRANDMEYER hat, weitergehend, nicht nur BRANDS These zurückgewiesen, daß sich der Ackermann in der Ratsuche seiner Rechtsforderung begebe, sondern auch eine begrenzte Wandlung der Ackermann-Figur – vom affekthaften Außersichsein zur bewußten Erfassung der eigenen Position bis zur Dialog- und Argumentationsfähigkeit gegenüber der gegnerischen (BUCHTMANN, HAHN) – als zumindest „einseitig" in Frage gestellt (S. 113 Anm. 1). Der Ackermann, im Rahmen des *genus iudiciale* gesehen, führe vielmehr seine Affektäußerungen bewußt und planvoll vor, um die Sympathien (Mitleid) des Richters (Publikums) auf sich, die Antipathien auf den Gegner zu lenken und die Position der Anklage zu sichern (Leidbekundung ist Schuldzuweisung) (u. a. S. 88. 97); der Wechsel von der Begründung der eigenen zum Angriff auf die gegnerische Position (XII) folgt rhetorischer Empfehlung (S. 112 f.). Auch die Schelte des Todes, die bei HAHN spiegelbildlich zur Führung der Ackermann-Figur als erkenntnismindernde, radikalisierende Affekthaltung beschrieben ist, die, wie beim Kläger, von Gott verurteilt wird, ist bei BRANDMEYER Wechsel zu neuer, Erfolg versprechender Argumentationsweise (S. 133). Der Erklärungswert des so konsequent angewendeten judizialen Modells ist letztlich schwer abzuschätzen, da BRANDMEYER seine Interpretation weder auf das Urteil Gottes bezieht noch auf die Haltung, die sich im Schlußgebet ausdrückt.

Die These vom judizialen Gattungszuschnitt des *A* würde an Wahrscheinlichkeit gewinnen, wenn sich im Bildungsumkreis des Saazers Quellen nachweisen ließen, aus denen er seine Kenntnisse über dieses *genus* beziehen konnte. Die *ars dictandi*, mit der er vertraut war, wie der Widmungsbrief zeigt, bietet in der Form der mittelalterlichen Briefsteller wenig zur Gerichtsrede.

BORCK verweist allgemein auf die mittelalterliche Tradition antiker Lehrbücher der Rhetorik (Quintilian, Cicero, Rhetorica ad Herennium; Isidor), mit denen der Magister Johannes in Berührung gekommen sein müsse (S. 406 f.). Nach BRANDMEYER „läßt sich der Lehrstoff, mit dessen Kenntnis man in der zweiten Hälfte des 14. Jahrhunderts bei einem Prager Studenten der Rhetorik rechnen muß, auf eine Liste von neun Titeln eingrenzen" (Teil II, S. 49 ff.): 1. Die Rhetorik des Aristoteles, 2. Der Auctor ad Herennium, 3. Das ›Sertum rethorice‹ des Tybinus, 4. Die ›Rhetorica novissima‹ des Buoncompagno, 5. Die ›Poetria nova‹ des Galfridus de Vino salvo, 6. Der ›Laborintus‹ des Eberhardus Alemanno, 7. Der ›Viaticus dictandi‹ des Tybinus, 8. Das ›Doctrinale‹ des Alexander de Villa Dei, 9. Der ›Graecismus‹ des Eberhardus Bethuniensis. Seine Kenntnis der *ars dictandi* hat Johannes sicher in erster Linie aus Johanns von Neumarkt ›Summa cancellarii‹ erworben. BRANDMEYER hat seine Liste, die mit verschiedenartigen und -wertigen Kriterien gewonnen ist (Vorlesungstextbücher, rhetorische Quellen, Kenntnisse und Publikationen Prager Universitätsabsolventen), nüchtern unter Vorbehalte gestellt: Hat Johannes überhaupt in Prag studiert? (S. 50). Hat er, wenn schon über Aristoteles, speziell über dessen Rhetorik gehört? (S. 52 f.). In welcher Form und in welchem Maße setzte man sich gerade mit der Gerichtsrede auseinander? (S. 55). Leider enthalten seine Beschreibungen keine Angaben darüber, ob, in welchem Umfang und welcher Form in den angeführten rhetorischen Werken vom *genus iudiciale* gehandelt wird. Die Auswertung zielt denn auch in die andere Richtung, daß Johannes einer rhetorischen Schultradition mittelalterlicher, kaum humanistischer Prägung verpflichtet sei. Diesem Nachweis dient bereits auch der erste Teil der Arbeit, der inhaltliche und stilistische Einflüsse von Innozenz' ›De miseria humane conditionis‹ auf den *A* nachweist.

HENNIG *(1972)*. Offenbar ohne BRANDMEYERS Untersuchung zu kennen, will HENNIG, an BORCK anknüpfend, genauer ausführen, wie sich die Rechtfertigung des Todes unter dem *status qualitatis (feci, sed recte)* gestaltet. Er stellt die Kapitel VI und VIII in den Mittelpunkt. Sie entwickeln als *rechtfertigkeits-*Beweis (VI) unter gleichzeitiger Voraussetzung der unantastbaren Souveränität des Todes (VIII) „den Kern seiner ganzen Verteidigung" (S. 376). Der Tod beruft sich auf die höchste Rechtsnorm, das göttliche Recht, die allen menschlichen Rechtsnormen wie *ius natura* oder *ius lege* übergeordnet ist, wenn er sich als einen von Gott eingesetzten Machthaber darstellt, der wie ein Naturgesetz wirkt, „unvermeidlich und unabänderlich, zugleich aber auch unparteilich, das heißt: unabhängig von den menschlichen Werten und Rechtsnormen" (S. 379). Beigezogen hat der Tod die *comparatio*, mit der sich zeigen läßt, daß der Nutzen seines Wirkens für das Wohl des Opfers und das Allgemeinwohl den Schaden übertrifft. Die Folgekapitel bauen diese Grundlage aus; XVI faßt zusammen und ergänzt die Todesbegründung theologisch mit dem Hinweis auf den Sündenfall. Was der Tod im weiteren Verlauf noch vorbringt, ist „überspitzte Konsequenz seiner bisherigen Argumente" (S. 383), als sich der Ackermann, leidbefangen, dem Appell an die Vernunft unzugänglich zeigt. – Was, von Einzelheiten abgesehen, über BORCK und BRANDMEYER hinausgeht, ist der Hinweis auf eine Schichtung und Gewichtung der Rechtsnormen als „göttliche" und „menschliche" (S. 377. 379). Für eine Interpretation des gesamten Werks wäre allerdings zu berücksichtigen, daß die Position des Ackermanns nicht auf „schmerzliche Erfahrung" als „Grundlage der Auseinandersetzung" (S. 383) festgelegt werden kann, sondern daß er, wie der Tod, „göttliches Recht" in Anspruch nimmt, wenn er sich darauf beruft, die Ehefrau sei Gottes Gabe, die Ehe Gottes vorzügliche Einrichtung, der Mensch Krone der guten Schöpfung Gottes. – Die Vermutung HENNIGS, das „naturalistische Element" der Todesdarstellung sei bei der theologisierenden Überarbeitung einer peripatetisch geprägten Vorlage aus „rhetorischen Gründen" stehengeblieben (S. 375), erweist sich durch seine eigene Darlegung des Zusammenhangs als überflüssig: da auch die *lex naturalis* aus dem göttlichen Willen resultiert, ist sie göttliches Recht.

NATT *(1978).* Auch NATT sieht den *A* nach dem „schulrhetorischen Modell eines Strafprozesses" aufgebaut (S. 115 ff.). Sie beruft sich auf BORCKS These, hebt BRANDMEYERS Ausarbeitung hervor, ohne sich näher damit auseinanderzusetzen; HENNIG ist nicht erwähnt. Vorangestellt in ihrer Arbeit, die sich umfassender als „Beitrag zur Interpretation" versteht, ist eine Analyse des „Aussagegehalts des Streitgespräches" (S. 26 ff.), nachgestellt eine Untersuchung über den Zusammenhang von Widmungsbrief und Streitgespräch (S. 183 ff.; vgl. o. S. 34 ff.).

Der „Aussagegehalt" des Werkes ist mehr als sein „Inhalt", sein wertfrei nacherzählbarer Tatsachenablauf. Er erschließt sich aus den „Themen", die sich der Autor in den Reden stellt (S. 26). NATT ermittelt 18 dieser „Themen" (S. 47 f.):

A   Schuld des Todes
B   Verfluchung des Todes
C   Wesen des Todes
D   Fakten der Anklage
E   Wert der Verstorbenen
F   Situation des Hinterbliebenen
G   Besonnenheit oder Unbesonnenheit
H   Wert von Kunst, Weisheit und Wissenschaft
J   Sinn der Totentrauer
K   Gott
L   Wert der Ehe
M   Urteilsvermögen und Inkompetenz
N   Irdische Vergänglichkeit
O   Wahrheit oder Täuschung
P   Wert des Lebens
Q   Zeitenwandel und Zerfall
R   Wert des Menschen
S   Wert der Frau

Läßt sich daraus ein „Hauptthema" gewinnen, „zu welchem alle übrigen Themen in funktionalem Bezug stehen"? (S. 49) Eine „qualitative Themengewichtung" (S. 49 ff.), in der die inhaltlichen Elemente der einzelnen Themen aufgeschlüsselt und charakterisiert werden, besonders in ihrer Verteilung auf die Partner und deren Wertung, bringt noch nicht das gewünschte Ergebnis, aber eine Gruppierung in 1. Themen, die strittige Wertfragen diskutieren (C, E, H, J, L, N, P, Q, R, S), 2. Themen, die größtenteils aus gegenseitigen Vorwürfen bestehen (A, B, G, M, O), 3. thematische Außenseiter (D, F, K) (S. 77 f.). Eine „quantitative Themengewichtung" (S. 78 ff.), in der zum einen die Gesamtzeilenzahl pro Thema (C mit 129 Zeilen mit großem Abstand an der Spitze), zum anderen Zeilenzahlhöhepunkte der Themen in den Kapiteln (z. B. C mit 33 Zeilen in XVI) ermittelt und ausgewertet werden, sondert in Kriterienkombination als „zielführend" die Gruppe C, N, Q; H; P, R aus. Ihr Gemeinsames wird in einem letzten Schritt zum „Leitthema" des Werkes zusammengefaßt: „Das Schicksal des Todes ist in jedem Falle ein gerechtes und unvermeidliches" (S. 99). Die restlichen Themen haben verschiedene Funktion, unter anderem die, „Diskrepanzen zwischen den Parteien aufrecht(zu)erhalten und einer rein disputatorisch zustandekommenden Einigung vor(zu)beugen" (S. 113).

Merkwürdigkeiten dieser Art erklären sich daraus, daß der Autor sein Streitgespräch nach dem schulrhetorischen – nicht zeitgenössisch-institutionellen – Modell eines Strafprozesses, also nach dem *genus iudiciale* gestalten wollte, dessen Kenntnis für den Schulrektor und Notarius aus dem Studium der Artes liberales vorauszusetzen ist. Der Dialog ist von den Grundelementen dieses Modells geprägt. Er folgt der *status*-Lehre, benützt das Gefüge beweiskräftiger Rechtsnormen, hier „Evidenzgrade" genannt, und hält sich – das geht über die bisherigen Darstellungen hinaus – an das Prinzip, daß die Partner für den eigenen Standpunkt „Glaubwürdigkeit" möglichst hohen Grades zu erreichen suchen. Gerade dieses letzte Ziel hat NATT vorrangig und durchgängig herausgearbeitet. Ich kann hier nur einige wichtigere Abweichungen von BORCK und BRANDMEYER anführen. – Nach NATT nimmt das Gespräch nicht sogleich die Richtung auf den *status qualitatis (feci, sed iure);* diesen erreicht es erst in VI. Der Tod nimmt zunächst (II, IV) den *status translationis (an quaestio iure intendatus)* in Anspruch, wenn er eine Prozeßeröffnung für unberechtigt erklärt, da auf Verwechslung oder Irrtum beruhend; zugleich (IV) auch den *status coniecturae (non feci)*, wenn er bezweifelt, daß er die genannte Tat begangen habe; dazu (IV) auch den *status finitionis (feci, sed non hoc)*, wenn er sein Wirken als Gnadenerweis bezeichnet. – Das Ersuchen um Rat interpretiert NATT als eine Geste „entgegenkommender Großzügigkeit" (S. 152) des seines Rechts sicheren Ackermanns, der auf „Triumph und Vergeltung" verzichtet und dadurch auch vor dem göttlichen Richter „glaubwürdig" macht, daß er „notgedrungen klagt und nicht aus Unbesonnenheit oder hybrider Selbstüberschätzung, wie ihm der Tod so gerne und so häufig unterschiebt" (S. 153). – Die Schelt- und Lobreden gelten ihr als „ein kurzes Zwischenspiel epideiktischer Redeleistung" innerhalb der „rhetorisch-prozessualen Struktur" (S. 157). Der Gegenstand wird unter zwei Aspekten beredet, die sich nicht ausschließen. Daß man sich nicht einigt, ist vor allem der gewählten judizialen Gattung zuzuschreiben, die Einigung nicht vorsieht und die Erwartung eines grundsätzlichen Rechtsentscheids des Richters nährt. Daneben ist entwickelt, daß der Tod – im Plan eines Gleichgewichts auch des tadelnswerten Verhaltens – hier in eine „Sackgasse" (S. 157) gelockt wird. Er holt sich die „Sympathien" jedoch zurück, wenn er in seiner Schlußrede über die Vanitas der Welt und die Rettung der Seele die Haltung eines „anteilnehmenden Wohlwollens" (S. 167) annimmt.

NATT hat nicht das Schlußgebet – als theologisch zu schwierig (S. 21 f.) –, wohl aber ausführlicher das Urteil Gottes interpretiert und besonders dabei ihre Gesamtsicht dargelegt. Hier glaubt sie dem göttlichen Richter „einen Irrtum" (S. 172), ja eine „grobe Ungerechtigkeit" (S. 173) nachweisen zu müssen. Die Jahreszeitenparabel, ohnehin auf die beiden ungleichen Partner schwer anzuwenden, rügt eine Eigenmächtigkeit, die weder der Tod, der sich dezidiert aus Gottes Einsetzung ableitet, noch der Ackermann, für den die Gattin Gottes Gabe ist, gezeigt hätten. Die Parabel ist (mit VOGT-HERRMANN) als „stilistischer Zierrat" (S. 174) einzuschätzen. Die Beziehung der Rede Gottes auf den schulrhetorisch-prozessualen Gesprächsverlauf ist merkwürdig aber auch in weiteren Punkten. Wenn Gott dem Streitfall Bedeutsamkeit zuspricht *(der krieg ist nicht gar on sach)*, die Streitenden lobt *(wol gefochten)* und in ihrem Verhalten anerkennt *(den twinget . . .)*, so tut er das eher im Sinne eines „regelkundigen Punktrichters" (S. 176). Es entsteht das unerwartete Faktum, „daß ein Strafprozeß nicht mit einer

Strafverhängung, auch nicht mit einem Freispruch endet. Das Urteil lautet vielmehr: Anerkennung zweier gleichwertiger Zwangslagen" (S. 176). Die *warheit* aber hat der Tod ausgesprochen, der darlegte (XIV, 21 ff.), was Gott nun bestätigt, daß das Leben dem Tod, der Leib der Erde, die Seele Gott zugehört. „Demnach trafen alle Vorwürfe der Lügenhaftigkeit, die der Kläger dem Tod während der Auseinandersetzung entgegenschleuderte, ins Leere; demnach widerfuhr dem Tod tatsächlich Unrecht von seiten des Klägers; demnach stand Gott wirklich faktisch auf der Seite des Angeklagten ...?" (S. 177). Statt aber Recht zuzuweisen, weist Gott *ere* und *sig* zu. „Sieg dem Tod, der sich nicht aus der Welt schaffen läßt, Anerkennung dem Menschen, der sich dem Schicksal des Sterbens nicht kampflos beugen will – so läßt Johannes von Tepl den göttlichen Richter entscheiden" (S. 178).

Wohin es zielt, wenn NATT in ihrer Untersuchung vornehmlich Diskrepanzen herauszustellen versucht, bereits bei der Analyse des Aussagegehalts, dann auch bei der des Aufbaus, wird deutlich in ihren „Überlegungen zur Intention des Dichters" (S. 180 ff.). Sein Anliegen ist „zweigeteilt": „einerseits die gehaltliche Auseinandersetzung eines sterblichen Menschen mit dem unabänderlichen Schicksal der Sterblichkeit, welches im Streit personifiziert als Tod auftritt, und andererseits die formalrhetorische Gestaltung dieses Themas nach dem Modell eines Strafprozesses anhand vorgegebener rhetorischer Mittel" (S. 180). Diese beiden Intentionen aber widersprechen sich gegenseitig. Daß das Schicksal des Todes ein unabänderliches ist, ist unbestreitbar. Eine Auseinandersetzung darüber muß zu einem raschen Ende kommen, der Tod muß recht behalten. „Das Modell des Strafprozesses aber verlangt ein Kräftemessen beider Parteien mit wechselseitigem Schwanken von Glaubwürdigkeit und Siegeschancen ..." (S. 181), der Ausgang muß bis zum Urteil des Richters ungewiß bleiben. Zwei Vorgaben also, die sich widersprechen. „Dennoch ist es dem Autor gelungen, sie in seinem Werk zu vereinigen. Denn als gelungen muß das Unterfangen wohl doch bezeichnet werden, alleine schon deshalb, weil es Generationen von Forschern nicht auffiel, daß hier zwei im Grunde unvereinbare Intentionen zusammentreffen" (S. 181). Vielleicht sogar eine dritte, da sich den genannten noch nicht alles fügen will. Der Widmungsbrief bestätigt nach NATT diesen Befund der Textinterpretation, wenn er als Thema den „Angriff auf das unvermeidliche Schicksal des Todes" angibt, das „mit den üblichen rhetorischen Kunstgriffen in der dafür eigentlich ungeeigneten deutschen Sprache behandelt" wird (S. 203).

NATT hat einleitend eindrucksvoll gezeigt, von welchen und wie vielen spekulativen Vorverständnissen geistesgeschichtlicher, poetologischer und autorbiographischer Art die Interpretation des *A* in der Forschungsgeschichte gelenkt war, und sie hat ihre eigene wie künftige Deutungen mit Recht auf den „überlieferten Wortlaut" des Werkes und Widmungsbriefes verpflichtet (S. 19). Resultiert daraus mit Notwendigkeit ein Bild des *A* als gelungener Vereinbarung von Unvereinbarem? – Gegenüber ihrer Gehaltsanalyse läßt sich die kritische Frage nicht ersparen, ob die Beziehungslosigkeit zwischen den Themen, die NATT nach deren Aufstellung konstatiert (S. 48), nicht eher auf ihr schematisierendes Ermittlungsverfahren zurückzuführen ist als auf den *A*-Text, und ob die strukturierten Beziehungen, die sie dann doch in einem aufwendigen Verfahren aufdeckt, sich nicht schneller, differenzierter und mit keineswegs geringerer wissenschaftlicher Evidenz aus einer genauen Interpretation des voranschreitenden Textes ergeben hätten. – Was den Aufbau des Werkes anlangt, so hat NATT es zugunsten ihrer Diskrepanzthese unterlassen, sich mit vorliegenden textbezogenen Deutungen auseinanderzusetzen, in denen die Komplexität des Urteils in sich und in bezug auf den Verlauf des Dialogs als konsequent beschrieben ist. Diese können hier nicht wiederholt werden. Die Behauptung etwa, daß die Jahreszeitenparabel irrtümlich und ungerecht tadle und bloßer Zierat sei, dürfte bestenfalls am Ende einer solchen Auseinandersetzung stehen. – Zur Unvereinbarkeit des Themas (Unvermeidbarkeit des Todesschicksals) und der gewählten Form (judiziale Gattung): Geht es im *A* tat-

sächlich nur um die Auflehnung gegen das unvermeidliche
Sterbenmüssen in dieser banalen Direktheit, ein Gesprächsthema,
das allerdings nur mit aller rhetorischen Raffinesse 32 Kapitel
lang auf sein von Anfang an feststehendes Ergebnis hin gestreckt
hätte werden können? Faßt man das Thema etwa so: Läßt sich
– und wie – angesichts der Unvermeidlichkeit des Todes dennoch die Möglichkeit eines sinnvollen irdischen Lebens behaupten und begründen?, verliert es sofort seine Banalität und wird
zum relevanten Streitfall. Weiter: NATT hat sehr viel umfassender und schärfer als ihre Vorgänger herausgearbeitet, daß
das judiziale Modell „weder mit Regelstrenge noch mit Aus-
schließlichkeit" (S. 179) verwendet sei. Außerhalb des Modell-
falls steht, daß das Werk dialogisch gestaltet ist, daß der Richter
nicht unmittelbar anwesend (S. 124 f.) und, als Gott selbst, nicht
beeinflußbar ist (S. 142); auch werden streckenweise andere
genera, das *demonstrativum* (Lob und Tadel) und *deliberativum*
(Rat) eingespielt (S. 179); schließlich enttäuscht besonders das
Schlußurteil judiziale Erwartungen (S. 180). NATT macht das
ungeeignete Thema dafür verantwortlich, daß Johannes seine
gestalterische Intention nur locker verwirklichen konnte. Liegt
nicht der Schluß näher, daß Johannes für sein Thema als ge-
eignete Form die dialogische des Streitgesprächs wählte und als
geübter Notar mit Selbstverständlichkeit judizial argumentierte,
wo immer es sinnvoll erschien, aber nur dort? – Den gewich-
tigsten Einwand gegen ihre These hat NATT selbst formuliert.
Der Widmungsbrief, in dem Johannes die „Prämissen" bekannt-
gibt, „unter welchen der 'ackerman' entstand und verstanden
werden soll", und der daher „wortwörtlich als Interpretationsanleitung" verstanden werden kann (S. 182), spricht mit keinem Wort vom rhetorisch-prozessualen Aufbau des Streites.
Gibt er eben doch nur Auskunft „über einen Teil des Interpre-
tierbaren" (S. 271)? Mit dieser Frage seien die Grenzen ihrer
eigenen Untersuchungsprämissen tangiert: daß als wissenschaftlicher Beitrag nur gelten kann, „was sich anhand gesicherter
Arbeitsgrundlagen methodisch nachweisen läßt" (S. 271). Man
kann auch so fragen: Es ist denkbar, daß Johannes einzelne

Gestaltungselemente seines Werks im Begleitschreiben unerwähnt läßt. Ist es aber denkbar, daß er das judiziale Genus – wenn dieses tatsächlich das grundlegende Gestaltungsprinzip für ihn war, das alle einzelnen rhetorischen Elemente ordnet und ausrichtet – zu erwähnen unterlassen hätte?

3. Weitere rhetorische Deutungsmuster

S. P. JAFFE *(1978)*: *ironia*. Als eine der Stellen, mit deren Interpretation die strukturelle Einheit und die Gesamtdeutung des Werks zur Diskussion stehen, hat sich die Ratsuche des Witwers erwiesen. JAFFE hat ihr eine eigene Studie gewidmet. In der Angabe des Widmungsbriefes: *inueccio contra fatum mortis ineuitabile ... in qua rhetorice essencialia exprimuntur* (12 ff.), sieht er die Intention des Autors umfassend ausgedrückt. *Inueccio* meine nicht eine bestimmte Gattung, etwa das Streitgespräch, sondern sei mit „Invektive, Schelten, Tadel, Zurechtweisung" (S. 1 Anm. 1) wiederzugeben. Es mache die Substanz des Werkes, und zwar des ganzen Werkes aus, daß in ihm mit allen rhetorischen Mitteln eine Invektive gegen den Tod vorgetragen werde. Von dieser Bestimmung des Autors selbst aus sei die These abzulehnen, der Ackermann habe im Ersuchen um Rat seine ursprüngliche Position als Kläger aufgegeben und der Tod habe sich als der Stärkere, der Sieger erwiesen (u. a. BRAND, BÄUML). Das Motiv sei aber auch in der Symmetrie-These HAHNS unzureichend begründet: auch ein begrenztes Einlenken des Ackermanns, als ernstgemeint interpretiert, lasse sich nur schwer mit seinen immer wieder durchbrechenden Indignations- und Drohäußerungen vereinbaren. BRANDMEYER aber habe an dieser Stelle das verwendete rhetorische Mittel nicht erkannt. Nach JAFFE sind Versöhnungsbereitschaft und Verlangen nach Rat vorgetäuscht. Der Ackermann wechselt lediglich die rhetorischen Kampfmittel. Er greift zur *ironia,* in der Gesagtes und Gemeintes taktisch auseinandertreten und die, belegbar aus Dybinus (2. Hälfte 14. Jh.; einflußreich in Böhmen), die spezielle

Funktion hat, die *elatio (specialis pars superbie)* zurechtzuweisen. Was der Ackermann durch die *ironia* vorgetäuschter Ratsuche zurechtweisen will, ist „die *elatio* eines allzu selbstsicheren Pädagogen", des Todes, der von VIII an die „Lehrerrolle" angenommen, den Ackermann in die „Rolle des dummen, ungelehrigen Schülers" gedrängt und ihn in XVIII seinerseits durch *ironia,* durch eine „lehrerhaft-sarkastische, ironische *laudatio"* (S. 34 f.) gegeißelt hatte. Täuschend fordert der Ackermann unter der Voraussetzung, der Tod sei gerecht, dessen Rat an, aber eben nur, damit sich aus der Unannehmbarkeit des Rates die Ungerechtigkeit des Todes aufs neue bestätige. Noch mehr: „Indem der Tod versucht, dem ratsuchenden Ackermann gerecht zu werden, verwickelt er sich immer tiefer in die *superbia* und die *elatio"* (S. 51). Nämlich in die anmaßende Behauptung, das durch und durch verdorbene Leben sei nicht beklagenswert. So daß nun jenes „Gleichgewicht des Ganzen" erreicht wird, das Gottes Urteil bestätigt: „Die *superbia* und *elatio* beiderseits werden verworfen, die Selbstbehauptung gegen die anmaßende *superbia* und *elatio* des Gegners gutgeheißen" (S. 52).

Daß die Ablehnung des gesuchten Rates den Tod in eine *elatio* und *superbia* hineintreibt, die auch Gott tadeln muß, ist offensichtlich. Und sicher ist die Beschimpfung des Ackermanns in XVIII ein provozierender Akt. Haben aber, auf den Argumentationsinhalt hin gesehen, *elatio* und *superbia* des Todes bis zu dieser Stelle – man denke an die große Darlegung seiner Gerechtigkeit in XVI – tatsächlich ein solches Maß erreicht, daß sie das Motiv für eine Ratsuche als ironische Geißelung abgeben konnten? – Wenig überzeugend ist die Begründung, die JAFFE dem Widmungsbrief entnehmen will. Er verbindet die Angabe *arenga inuehitur et demollitur* mit dem darauf folgenden *yrronia sorridet* zu dem Sinn, das angekündigte Einlenken des Ackermanns sei damit als ein lediglich ironisches gekennzeichnet. Für eine derartige Verknüpfung der zweiten Hälfte (!) einer Angabe mit der folgenden innerhalb einer reihenden Aufzählung von Stilmitteln, die über den gesamten Text verteilt sind, besteht keine Notwendigkeit und wenig Wahrscheinlichkeit. –

Was den Dialogtext an der betreffenden Stelle anlangt, so weist er Merkmale auf, die als „Ironie-Signal" (S. 38) gedeutet werden können. Die *ironia* soll hier allerdings im Vergleich mit Stellen, an denen sie leicht identifizierbar ist (Eingang II; Ende XVII; XVIII), „mehr eine verborgene als leicht erkennbare" (S. 33) sein. JAFFE verweist auf „Unstimmigkeiten" (S. 35) zwischen der Ratsuche des Ackermanns auf der einen Seite und der „anhaltenden Überzeugung von der eigenen sachlichen und moralischen Überlegenheit" (S. 38), seinen fortgesetzten Indignationsäußerungen und Drohungen auf der anderen Seite; darauf, daß der Rat nicht in der grammatischen Form der Bitte, sondern im Imperativ mit Konditionalsatz *(Ist des aber nicht, so ... underweiset mich ...* XIX, 13 ff.) angefordert wird (S. 38 f.); auf die höhnische Ablehnung des Rates, die ständige Wiederholung der Ratforderung (S. 43), die vorwegnehmende Selbstberatung (S. 50). Man muß allerdings sehen, daß auch ein ernstgemeintes, auf die zukünftige Lebensmöglichkeit gerichtetes Ratersuchen, aus dem Bewußtsein gekränkten Rechts als Rechtsforderung erhoben (Imperativ) und so unannehmbar beantwortet, wie es geschieht, dieselben indignierten Reaktionen des Ackermanns und die radikalisierenden Reaktionen des Todes zur Folge haben würde. – Die sorgfältige Beschreibung des rhetorischen Mittels der *ironia* hat ihren Eigenwert.

B. STOLT *(1974):* Ethos und Pathos. Gegenüber der älteren Vorstellung: weil im *A* bewußt und geplant rhetorische Mittel angewendet werden, liegt keine echte Erlebnisdichtung vor, und der bereits fortschrittlicheren: obwohl rhetorische Mittel angewendet werden, liegt echte Erlebnisdichtung vor (an EGGERS exemplifiziert, S. 11), hat STOLT im ersten Teil ihrer Untersuchung über ›Rhetorik und Gefühl im Ackermann aus Böhmen‹ zweierlei überzeugend klargestellt: 1. Rhetorik hat keineswegs nur „mit 'kühlem' Verstand" zu tun. „Ein Hauptanliegen des Rhetorikers galt von eh und je der Erweckung von Gefühlen, und zwar nicht nur bei anderen, sondern auch bei sich selbst" (S. 12). 2. „... die an der Phantasie entzündete dichterische

Erregung, die durch die eigene Diktion fortwährend genährt wird ..." (S. 15), ist und gilt in vorgoethescher Zeit als nicht weniger „echt" als das Gefühl, das auf einem persönlichen Erleben beruht. Rhetorik ist also das Mittel, Gefühle, gleich welchen Ursprungs, zu gestalten und im Leser zu erwecken. Auf diese Hauptfunktion hin ist der *A* zu untersuchen. STOLT unterscheidet im zweiten Teil mit Quintilian neben dem Sachbezug rhetorischen Sprechens (*docere* – Pragma) die Wirkungen des Ethos (dem *delectare* zugeordnet: „eine sanfte Emotion des Wohlwollens und der Freundlichkeit") und des Pathos (dem *movere* zugeordnet: „eine starke Erregung, wie sie durch das Vorführen von Leidenschaften hervorgerufen wird") (S. 18) und untersucht an Beispielen und im Überblick ihre Verteilung im *A*. Bis XIV konzentriert sich das Ethos vorwiegend um die Frau Margaretha, und zwar in den Argumenten des Ackermanns wie des Todes. Wenn der Ackermann „die Tugenden und Tätigkeiten der Ehefrau und Mutter im häuslichen, alltäglichen Milieu schilderte, konnte er auf ein Wiedererkennen des Menschlich-Vertrauten und damit die Entstehung wohlwollender Gefühle beim Leser rechnen" (S. 19 f.), auch seine jetzige Lage scharf abheben und um so wirkungsvoller ins Pathos seiner Verfluchungen und Klagen fallen. Der Tod seinerseits entwickelt ein ethosbestimmtes, fast heiligmäßiges Bild der Toten, um ihr Sterben als „seliges", als „Akt der Gnade" bestimmen zu können (S. 23). Ab XV ändert sich das Streitgespräch. Wenn der Ackermann sich nunmehr als friedfertig und einsichtig, seine Klage als *billich* darstellt, bedeutet das jedoch nicht ein Einlenken im Sinne BRANDS. „Scheinbares Einlenken, geheuchelte Nachgiebigkeit und Ironie" sind vielmehr Bestandteile des Ethos, „Argumentationstechnik", „raffinierte Angriffstaktik", die auf Benevolenz für sich selbst abzielt, indirekt allerdings auch verrät, daß der Kläger sich seiner Sache nicht mehr so ganz sicher ist (S. 25 f. 28). Der Aufruf zur Rache bedeutet dann aber keinen „Rückfall", sondern den wirkungsvollen Wechsel „von Ethos und Pathos mittels der Argumente ab nostra persona – ab adversariorum persona" (S. 26). Die Schmähungen des Todes dagegen in diesem zweiten Teil, „der Hohn, der grobe Wortschatz und die vanitas-Argumente des Todes wecken Schmerz, Zorn und Abscheu. Während der Tod intellektuell seine causa fördert, fügt er ihr auf emotionalem Gebiet Schaden zu: er zeigt sich nicht als vir bonus, falls dieser Ausdruck hier zulässig ist" (S. 29). Der Wechsel von Ethos und Pathos zielt letztlich auf „Temperierung und Erzielung eines emotionalen Gleichgewichtszustandes" (S. 29; nach DOCKHORN). STOLT sieht ihn in den beiden Schlußkapiteln der Gegner erreicht, führt dies aber nur in bezug auf XXXII kurz aus: statt der Schmähungen des Todes nun vorwiegend biblische Argumentation. „Durch seine Diktion wird der Ton auf das folgende Urteil Gottes im 33. Kapitel abgestimmt. Die drei letzten Kapitel bilden daher stilistisch eine Einheit" (S. 29).

Auch STOLTS Analyse ist geeignet, rhetorische Mittel umgrenzen und in ihrer argumentativen Zielrichtung erkennen zu helfen, wie etwa die ethosbestimmte Frauendarstellung der ersten A-Hälfte. Sie dokumentiert zugleich aber, im Forschungszusammenhang, noch einmal die Schwierigkeit, die Gestaltung auf ein bestimmtes vorstrukturiertes rhetorisches Modell zurückzuführen, da verschiedene Modelle zum gleichen Ergebnis führen. Ist das Einlenken des Ackermanns als ein scheinbares, taktisches eher im Rahmen des *genus iudiciale* und darin als Behauptung von Recht (BORCK, BRANDMEYER) oder großmütiger Verzicht im Dienste der Glaubwürdigkeit (NATT) zu sehen, oder im Rahmen einer bestimmten *ironia*-Tradition, oder des wirkungsvollen Wechsels von Ethos und Pathos? Bei der Ausweitung zu einer Gesamtdeutung müßten sicher die „weltanschaulichen, rationalistischen, formalstilistischen und ästhetischen Gesichtspunkte" beigezogen werden, die STOLT in ihrem Diskussionsbeitrag bewußt zugunsten der „affektische(n) Kunst des Werkes" (S. 30) ausklammert.

H. O. BURGER *(1969)*: *Ars movendi*. Obwohl nur Interpretationsskizze, scheint mir BURGERS A-Deutung in seinem literaturgeschichtlichen Epochenband ›Renaissance – Humanismus – Reformation‹ einen Hinweis an dieser Stelle zu verdienen. Er sieht im Dialog am Werk, was er als *ars movendi* zusammenfaßt. Sie ist von der dominierenden Ausprägung der Rhetorik im späten Mittelalter, der *ars ornandi,* der blümenden, färbenden, kolorierenden Stilrichtung abzuheben, die soeben noch im selben Kulturraum im „ornamentalen Manierismus" Heinrichs von Mügeln (S. 24) einen Höhepunkt gefunden hatte. Die *ars movendi* ist von den Italienern, von Petrarca, Cola di Rienzo, den Florentinern wie Leonardo Bruni Aretino geprägt und nach Böhmen vermittelt. Petrarcas Streitschrift ›De sui ipsius et multorum aliorum ignorantia‹ (von 1362), in der dieser vom nutzlosen aristotelisch-scholastischen Wissen über alles und jedes das allein entscheidende Wissen über die sittliche Natur des Menschen abhebt und ihre Stärkung dem überzeugenden, begeisternden, bewegenden Wort nach Art Ciceros anvertraut, betrachtet BURGER als die „Magna Charta des Humanismus" (S. 37). Die *studia humanitatis* gehen mit der wirkungsbedachten Rhetorik eine neue, auf die abendländische Geistesgeschichte hin gesehen besser: erneuerte Verbindung ein. Dieser Vorgang aber steht im Kontext einer Vielfalt von zeitgenössischen Erneuerungs-, von Wiedergeburtsbewegungen, von Renaissancen in diesem Sinn, im Bereich von Laienbildung und Laienfrömmigkeit. – Während sich Johann von Neumarkt der *ars movendi* nur annäherte (S. 29), schwebt dem Saazer „bei allen Künsteleien doch ein gewisses Ebenmaß statt krauser Ornamentik und bei allen Spielereien doch eine unmittelbare Wirkung auf die Affekte der menschlichen Natur, eine *ars movendi* vor" (S. 50). BURGER sieht das vor allem in der Position des Klägers bestätigt: „Zum Leben als Möglichkeit, von der Freude innerlich ergriffen und bewegt, erhoben und beseligt zu werden, sagt der Ackermann Ja, und er verteidigt dieses Leben gegen die klare, kalte Vernunft, die es auf Begriffe bringt und auf Gesetze zurückführt und das Ergriffensein zur Torheit stempelt" (S. 51). Seine Andeutungen ließen sich ausbauen. Wenn für die *ars movendi* die Verbindung von lebensverbindlichen Grundwahrheiten mit einer Rhetorik kennzeichnend ist, die diese Lebensverbindlichkeit wirksam zur Geltung bringt, wäre für den *A* allein schon auf das relevante Thema Tod und Leben hinzuweisen, weiter auf eine Durchführung, bei der die Argumente häufig – anders als im ›Tkadleček‹ – weitgehend aus gelehrten Kontexten herausgelöst, auf einen fast banalen Kern reduziert, aber gerade dadurch unabweisbar bedrängend werden. Die gesuchte Orientierung zielt durchaus auf Konkretes: *in was wesens sol ich nu mein leben richten? ... Rates not ist!* (XXVII, 5 f. 12). Der lügenverdächtige Vers wird abgelehnt (II, 11 ff.), die verbindliche Prosa gewählt. Verbindlichkeit bringen auch die Rechtsformen ein. – BURGER hat, wie skizzenhaft auch immer, unter dem Begriff der *ars movendi* bedenkenswert entwickelt, wie historische Situation, Gehalt und Form des Werkes zusammengeschaut werden könnten.

C. Vorlagen und Quellen

I. Direkte Vorlagen

Gibt es ein Werk, von dem gelten könnte, daß es Johannes als direkte Vorlage für sein Gesamtkonzept oder für wesentliche zusammenhängende Teile seines *A* diente? Diese Frage ist vor allem im Hinblick auf zwei Beiträge zu beantworten.

1. Der 'Tractatus de crudelitate mortis'

DOSKOČIL hat in einem Aufsatz von 1961 die *A*-Forschung auf eine schon länger bekannte Papier-Sammelhandschrift (2. Hälfte 14. Jh.; mehrere Hände) aufmerksam gemacht, den Codex O. LXX der Prager Metropolitankapitelbibliothek, der sich im Besitz Johannes' befunden haben muß. BLASCHKA (1962, 1965) und KROGMANN (1963) haben die tschechische Veröffentlichung zugänglich gemacht und diskutiert. Das letzte Blatt des Codex enthält den Eintrag: *Item nota, quod Ulricus concessit*

Johanni Teple super isto libro quartum medium grossum. Ein Ulrich leiht also Johannes 3½ Groschen auf diesen Band, so BLASCHKA (1962, S. 126) gegen DOSKOČIL, der an einen Verkauf gedacht hatte. Die Sammelhandschrift enthält sieben Stücke (vgl. KROGMANN 1963, S. 527), die einer gründlichen Auswertung bedürfen. Jetzt schon ist klar, daß besonders drei von ihnen in Beziehung zum *A* stehen. Einige Sätze aus dem 3. Stück, ›De contemptu mundi (maior)‹, St. Bernhard zugeschrieben, könnten die unmittelbare Quelle für Motive der Frauenschelte in XXIV sein, die bisher anderweitig abgeleitet wurden, so der durch marginales *Nota* hervorgehobene Satz: *Nihil aliud est homo quam semen fetidum, saccus stercorum et cibus vermium,* der sich vergleichen läßt dem: *mit unreinem, ungenantem unflat in müterlichem leibe genert ... ein kotfaß, ein wurmspeise ...* Ähnlich die Nachbarsätze. – Stück 7, ein *metrum reciprocum* aus 28 Distichen, die je mit *vado mori* beginnen und enden (von ZATOČIL 1977 kritisch ediert), ist ein Totentanztext und damit allgemein mit dem Todesthema des *A* verbunden.

Das interessanteste Stück ist zweifellos das 4., der ›Tractatus de crudelitate mortis‹ (außer von DOSKOČIL auch von KROGMANN 1963, BLASCHKA 1962 und verbessert von ROTH abgedruckt), ein Gedicht von 26 siebenversigen Strophen oder 13 Doppelstrophen. DOSKOČIL hat eine längere Liste von einzelnen Stellen zusammengestellt (auch bei KROGMANN 1963, Ergänzungen bei BLASCHKA 1962), die im *A* vager oder präziser anklingen. Drei Stellen sind in der Handschrift durch Zeigehände hervorgehoben, die wohl Johannes selbst eingetragen hat, z. B. bei Strophe XVI, 2: der Tod verteidigt sich, er verhindere die Überbevölkerung der Erde, mit einem Argument, das im VIII. Kapitel des *A* aufgenommen wird, allerdings in drastischer Zuspitzung. Wichtiger ist: Zeichnen sich im ›Tractatus‹ Argumentationszusammenhänge und darstellerische Strukturen ab, die auch den *A* prägen? In den Strophen I–VIII beschreibt der Sprecher des ›Tractatus‹ das Wirken des Todes als ein ausnahms- und unterschiedslos alle Menschen betreffendes, gegen das es kein Gegenmittel gibt. In IX–XI geht die Beschreibung in Anklage gegen den bitteren, gierigen, mitleidlosen Tod über, und zwar in direkter Adressierung. Der Tod verteidigt sich (XII–XVIII): Er ist nicht jener durch Christus besiegte Verdammer Tod, sondern Gottes Beauftragter, der die Ordnung der Welt aufrechtzuerhalten beiträgt. Nun tritt ein *advocatus mundi* auf (XIX–XXI), widerspricht und ruft die fürs Leben Geborenen dazu auf, den Tod, der nach der Weltherrschaft trachte, zu verdammen, ja zu vernichten. XXII–XXV: Der Tod wiederholt seine Verteidigung und betont noch einmal seine Unangreifbarkeit. Eine Schlußstrophe des ›Tractatus‹-Sprechers (XXVI), der auf die Position des Todes einschwenkt: Widerwillig fügt sich die Welt dem Tod bis heute, der, gefürchtet, nützliche Tat erzwingt und vor dem Höllentod bewahren kann. – Johannes konnte zur Form des Streitgesprächs zwischen dem Tod und einem Vertreter des Lebens angeregt werden, sogar zu einem Streit, in dem auf Verdammung und Vernichtung gedrängt wird; Gott wird dabei allerdings nicht als urteilende Instanz bemüht. Vorgebildet war die aggressive klagend-anklagende Haltung des Lebensvertreters mit Motiven wie 'Wo sind sie hin, gerade die Großen, Tüchtigen, Guten?', aber auch die überlegene Haltung des Todes, der sich im Dienste Gottes weiß und als positive Ordnungsmacht auftritt. Im Hinblick auf solche Grundpositionen und Grundhaltungen – über einzelne Motive und Formulierungen hinaus – hat die Auswertung des ›Tractatus‹ noch kaum begonnen. Man muß dabei aber auch die gravierenden Unterschiede sehen, die nicht nur solche einer überlegenen Künstlerschaft des Saazer Prosaisten sind. Der Lebensvertreter des ›Tractatus‹ deutet zwar Lebenswerte wie Macht, Können, Schönheit an, aber eher indirekt, in der Klage um den Verlust, ohne eine eigentliche und zusammenhängende Begründung eines Sinns des irdischen Lebens zu geben. Auf dieser Folie wird der Rang der Ackermann-Figur deutlich, die eben diese Sinnbegründung, zunächst im Bereich der ehelichen Liebe, dann allgemeiner im Zusammenhang der Schöpfungsordnung, leistet, und zwar so, daß ein Gleichgewicht zur Position des Todes entsteht – Voraussetzung für das differenzierte Schlußurteil. Hier war für Johannes mit

Hilfe weiterer Anregungen noch alles zu leisten. Aber auch seine Todesfigur ist – trotz breiterer Übereinstimmung – eine andere. In der Argumentation des Todes im ›Tractatus‹ dominiert ein Motiv, wird ständig wiederholt und bildet den bejahten Abschluß: Der Dienst des Todes besteht darin, daß er als das gefürchtete Lebensende das verderbliche Böse eindämmt und die Verehrung Gottes und gutes, heilbringendes Werk fördert. Dieses Motiv tritt im A erst in der Schlußrede des Todes (XXXII, 12 f.) auf, und zwar eher als Anmaßung, während umgekehrt die 'naturrechtliche' Todesbegründung, die im A so breiten Raum einnimmt, im ›Tractatus‹ nur anklingt (Überbevölkerung). Das mag auf einen weiteren Unterschied hinweisen, auf die Entwicklung, die Johannes seine Figuren im Ringen miteinander nehmen läßt, gleich ob man diese als Änderung der Haltung oder der Argumentationsstrategie deuten will. – JAFFE (1983) sieht im 'Tractatus' die A-Teile vorgebildet (v. a. I–ca. XVIII), in denen sich der Tod erfolgreich gegen die anmaßenden Angriffe des Klägers verteidigt. Die Verteidigung des Klägers gegen die anmaßenden Angriffe des Todes (v. a. im zweiten Teil), in denen der A über den 'Tractatus' hinausgeht, findet JAFFE keimhaft in den Johannes zugeschriebenen Notizen und Eintragungen in den Codex vorgebildet. Hierzu ist von der angekündigten umfassenden Untersuchung noch größere Evidenz zu erhoffen. Der Codex mit dem ›Tractatus‹ war für den Autor mehr als eine „Materialsammlung" (KROGMANN 1963, S. 536), aber, auf sein Gesamtkonzept hin gesehen, weniger als ein „Modelbuch" (BLASCHKA 1965, S. 50), und sein Fund bringt leider nicht „eine denkbar einfache Lösung der Hauptquellenfrage" (ebd. S. 49).

2. Ein Ur-Ackermann?

Daß der A und sein tschechisches Gegenstück, der ›Tkadleček‹ (vgl. o. S. 7; in diesem Kapitel mit T abgekürzt), entstehungsgeschichtlich zusammenhängen, steht außer Zweifel. Die These KNIESCHEKS, die er in seiner A-Ausgabe von 1877 vorgetragen hatte, daß nämlich das tschechische Werk eine Bearbeitung des deutschen sei, nicht umgekehrt, ist hundert Jahre lang kaum ernsthaft in Frage gestellt worden. 1971 aber hat HRUBÝ die andere Vermutung, daß nämlich der *A* und *T* auf eine gemeinsame Vorlage zurückgehen könnten, in einer ebenso umfangreichen wie scharfsinnigen Darlegung zu erhärten versucht: er postuliert einen „Ur-Ackermann" *(UrA)*. Seine Argumentation, die in vier Schritten abläuft, kann hier nur angedeutet werden.

1. Im *T* lassen sich Todes- und Witwermotive nachweisen, die im überlieferten *A* nicht oder nur in anderer Form enthalten sind. Daraus folgt, daß der *T*-Verfasser eine Quelle zur Verfügung hatte, in der diese Motive anders gestaltet waren. Todes- und Witwermotive, die *T* und *A* gemeinsam sind, sind im *T* durch Anpassung an den Unglückskontext so sehr verändert, daß sie der *A*-Verfasser nicht daraus erheben konnte. Eine direkte Vorlagenbeziehung *A–T* oder *T–A* ist also auszuschließen. Der Befund läßt sich am besten aus einer gemeinsamen Vorlage mit Todes- und Witwerthematik, einem *UrA*, erklären. Umgekehrt enthält aber auch der *A* Spuren einer Weber-Unglücks-Motivik. Haben der *A*- und der *T*-Verfasser kreuzweise zwei Vorlagen bearbeitet? Oder griffen sie auf eine Vorlage mit vorwiegender Todesthematik *(UrA)* zurück, in der auch die andere Themengruppe verarbeitet war? „... eines steht fest: die Todes- und Witwerthematik der beiden überlieferten Gespräche geht auf eine gemeinsame Quelle zurück." (S. 64) 2. In seiner Schlußrede beruft sich der Kläger für seinen Satz, daß *in allen sachen eins zerüttung des andern geberung sei* (XXXI, 22 f., nach Ausgabe HAMMERICH/JUNGBLUTH Kopenhagen) auf *Plato und ander weißsagen*. Tatsächlich wird hier aber der zweite Teil einer Aristotelessentenz zitiert: [1.] *et est alterius generatio semper in substantiis alterius corruptio* [2.] *et alterius corruptio alterius generatio* (HRUBÝ S. 78). Der *T* gibt im 8. Kapitel die genaue Buch- und Titelangabe und zitiert den ersten Teil der Sentenz zweimal, allerdings nur mühsam in den Kontext einer Rede des Unglücks eingepaßt. Noch einmal bestätigt sich nach HRUBÝ, daß der *T* nicht den überlieferten *A* zur Vorlage haben konnte; darüber hinaus, daß die Quelle, einerseits so genau, andererseits so ungeschickt übernommen, eine schriftliche gewesen sein muß, die Todesthematik behandelte; schließlich, daß dieser *UrA* bereits ein Streitgespräch war zwischen dem Tod, der den 1. Teil der Aristoteles-Sentenz in An-

spruch nahm *(generatio → corruptio)*, und dem Lebensverteidiger, der
ihn mit dem 2. Teil, den Aristoteles-Satz vervollständigend, widerlegte *(corruptio → generatio)*. Dieser Fall unterschiedlicher Zitatbenützung steht für mehrere. 3. Die Aristoteles-Zitate im *T* heben
sich – wie das eben angeführte – durch meist präzisere Quellenangaben und treuere Wiedergabe des Wortlauts aus den übrigen heraus.
Sie lassen sich mit ihren (ungenaueren) Entsprechungen im *A* zu den
grundlegenden Sätzen der aristotelischen Weltewigkeitslehre zusammensetzen, die im späten Mittelalter heftig umstritten war (Konsequenzen: Sterblichkeit der Seele, Stellung der Engel). Der *UrA* beinhaltete diese scholastisch-peripatetische Streitfrage in der genannten
Rollenverteilung. 4. Nunmehr läßt sich das abweichende Todeskonzept des *A*-Autors – als Änderung – genauer abheben. Er drängt bewußt und planmäßig die peripatetisch-naturalistische Begründung zurück und leitet den universalen Geltungsanspruch des Todesprinzips
biblisch-dogmatisch vom Sündenfall her.

Die Provokation, die in dieser These steckt, zeigt sich in ihrer
vollen Schärfe und in ihrem ganzen Umfang, wenn man mit
HRUBÝ (S. 193 ff.) Folgerungen zu ziehen versucht. – Der textkritische Wert des *T* für den *A* sänke beträchtlich. – Die Verfasser- und Entstehungsfrage müßte ganz neu durchdacht werden. Ist der „pedantische Saazer Rhetor und Diktator" (S. 200)
vielleicht der Verfasser des nicht erhaltenen *UrA*? Dessen Denk-
und Sprachstil wäre sicher eher durch den *T* repräsentiert, und
dieser wiederum scheint besser in den literarischen Umkreis des
Prager Hofes (Heinrich von Mügeln, Johann von Neumarkt)
zu passen als der wesentlich moderner wirkende überlieferte *A*.
Ist unser *A* Jahrzehnte später in Deutschland, wo er ja auch
überliefert ist, durch einen bisher unbekannten deutschen Autor
entstanden? Dieser hätte dann allerdings aus irgendeinem Grund
das Akrostichon und weitere Angaben stehenlassen. So bleibt
Johannes denn auch für HRUBÝ letztlich der „wahrscheinlichste
Kandidat" (S. 196) für den erhaltenen *A*. (ROSENFELD wollte
im HRUBÝschen *UrA* ein Jugendwerk des Saazers sehen; s. o.
S. 9 f.). – Auf dem Hintergrund eines scholastisch-peripatetischen
UrA würde sich, geistesgeschichtlich gesehen, die Wendung des

A-Autors zu einer theologisch-ethischen Ebene der Auseinandersetzung noch schärfer als „revolutionärer Bruch" (S. 112) darstellen. – In der Werkinterpretation wäre dem „Ideologischen" (S. 213) entgegen HÜBNER vorrangige Beachtung vor dem Formalen einzuräumen.

Man kann nach HRUBÝ sicher nicht mehr einfach zu der Vorstellung zurückkehren, der *T* erkläre sich daraus, daß sein Verfasser den *A*-Text, wie er uns überliefert ist, vor sich liegen hatte und bearbeitete, auch wenn man weiterhin an der Priorität des *A* festhalten möchte. HRUBÝS Beoachtungen zeigen, daß dem *T*-Verfasser über den *A*-Text hinaus Materialien vorgelegen haben müssen, die auch der *A*-Verfasser auswählend und bearbeitend benützte. Wie man sich diese gemeinsame Materialbenützung vorstellen und erklären soll, aus dem gemeinsamen Buch- und Wissensfundus, den Kommilitonen oder Berufskollegen oder Lehrer und Schüler oder literarisch interessierte Freunde teilen, oder wie immer – um mit HRUBÝ zu sprechen: „Bei dem beschränkten Stande unseres heutigen Wissens wären alle diese 'Hypothesen' als logische Postulate gleichermaßen denkbar, als historische Realität jedoch gleichermaßen unbeweisbar" (S. 64). – Man muß sehen, daß HRUBÝS weiterer Schritt auf einen umrissenen schriftlichen *UrA* als peripatetischen Dialog hin erkauft ist durch eine rigorose Beschränkung des Vergleichsmaterials auf Zitate, die in den Werken vorkommen, und zwar auf solche der Todesdarstellung meist peripatetischer Implikation. Würde man alle gemeinsamen Stellen – also etwa auch die Aussagen über die Mann-Frau-Beziehung –, in denen der *T* ausführlicher, präziser, akzentuierter darstellt, dem *UrA* zuschreiben, ergäbe sich ein einigermaßen monströses literarisches Gebilde. In den philosophischen Weltewigkeitsdisput wäre eine lange Exempelreihe für eheliche Treue eingearbeitet gewesen, die Beziehung der Streitenden wäre ständisch expliziert und akzentuiert gewesen, um nur zwei Beispiele HRUBÝS selbst zu nennen (S. 32 ff. 44 ff.). – Aber auch die ausgewählten Kernstellen HRUBÝS sind keineswegs eindeutig. Hier kann nur die wichtigste (vgl. o. S. 100) diskutiert werden.

Adliczka hat den Weber verlassen. Das Unglück verteidigt sich: Gerade daraus ist das Glück des jetzigen Gatten entstanden, wie ja auch schon das einstige Glück des Webers dadurch entstanden war, daß Adliczka einen ersten Liebhaber verlassen hatte. Daß es sich hierbei um ein unabänderliches Gesetz des Weltlaufs handelt, ist mit dem 1. Teil der Aristoteles-Sentenz belegt, „daß der Ursprung eines Dinges der Untergang oder Verderben des anderen sei" (Übersetzung nach HRUBÝ S. 76). In die Argumentationsrichtung gepaßt hätte nach HRUBÝ aber allenfalls der 2. Sentenzteil (Vernichtung bewirkt Entstehen). Der 1. Teil müsse unbedacht aus einer Vorlage abgeschrieben worden sein. Dort habe der Tod nach dem Zeugnis des VIII. A-Kapitels dargelegt, daß die *corruptio* eine naturgesetzliche Notwendigkeit sei, und diesen Gedanken habe der 1. Sentenzteil passend belegt (S. 79). HRUBÝ hat den Inhalt von VIII unzutreffend zusammengefaßt. Der Tod verteidigt sich nämlich, ganz im Sinne des Unglücks im *T*, damit, daß er notwendig sei für den Fortbestand des Lebens (siehe HRUBÝ selbst S. 79). Diesen Gedanken aber würde auch hier zutreffender der 2. Sentenzteil belegen! Rekonstruierte man also aus der *T*-Stelle und dem richtig verstandenen VIII. A-Kapitel nach HRUBÝs Methode ein entsprechendes *UrA*-Kapitel, müßte man den sehr merkwürdigen Sachverhalt in Kauf nehmen, daß dieser philosophische Disput an entscheidender Stelle mit dem 1. Sentenzteil das unpassende Zitat gebraucht habe. Wenn der Kläger in XXXI sehr pointiert die 2. Sentenzhälfte anführt (*zerruttung* ist *geberung*), so will und kann er damit nicht den Tod des VIII. Kapitels widerlegen, der argumentiert hatte, er ermögliche im Rahmen der göttlichen Weltordnung den Fortbestand des Lebens, sondern er will und kann den Tod widerlegen, der gereizt als Gegenspieler des Lebens auftritt (*das leben ist durch sterbens willen geschaffen* XXII, 7). Alle müssen dahin. *Dannoch beleiben wir Tot hie herre!* XXX, 26 f.). Anders herum: Die 1. Sentenzhälfte soll nach HRUBÝ geeignet sein, den Sinn der Todes-Argumentation, wie ihn das VIII. A-Kapitel bietet, „sehr prägnant" zusammenzufassen: „Wo aber der Tod des ›Ackermann‹ bildlich darstellt, daß das neue Leben auf der Welt keinen Platz hätte, wenn er das alte nicht vertilgt haben würde, da sagt Aristoteles begrifflich, daß das Entstehen eines Wesens die Vernichtung des anderen, das Leben des einen den Tod des anderen bedinge" (S. 79). Warum soll dann aber dieser Sentenzteil nicht ebenso prägnant die Darlegung des Unglücks zusammenfassen, daß neues Glück nicht entstehen kann, wenn nicht das alte vernichtet wird? Und warum soll dem *T*-Autor dann nicht zugestanden werden, daß er in diesem Sinne mit der 1. Hälfte eines Aristoteles-Satzes, der in Florilegien verbreitet ist und sicher zum *A*-Material gerechnet werden kann, passend zitiert? Man sieht, daß HRUBÝs Versuch, die disputatorischen Grundlinien eines *UrA* aus den beiden Zitathälften zu rekonstruieren, keineswegs zu eindeutigen Ergebnissen führt. Seine Hypothese eines *UrA* hat nur begrenzt Zustimmung gefunden.

II. Sonstige Quellen und Einflußbereiche

Was weitere Quellen des *A*-Autors anlangt, so sind die meisten einschlägigen Arbeiten bereits erwähnt und brauchen hier nur noch einmal knapp zusammengestellt zu werden. Die Quellendiskussion um einzelne Stellen, auch wenn über sie so ausführlich und gegensätzlich gehandelt wurde wie über die Abbildung des Todes, die im XVI. Kapitel beschrieben ist, kann in diesem Rahmen nicht vorgeführt werden. Erwähnt sei nur die jüngste, zusammenfassende und weiterführende Untersuchung. PALMER sieht im römischen Bild des Todes nicht nur wesentliche Züge der Todesvorstellung [(1) death is a demonic force; (2) death is impartial; (3) death destroys everyone] (S. 205), sondern darin, daß die Opfer sich wehren, zugleich das gesamte Werk an einer Stelle allegorisch zusammengefaßt (S. 209. 219).

Kommentare. Quellenangaben zu Motiven und stilistischen Mitteln bieten die Kommentare zum fortlaufenden Text in den Ausgaben BERNT/BURDACH, SPALDING, WALSHE (1951), ausführlich KROGMANN; ältere Angaben sichtet kritisch BÄUML (1960); die ausführlichsten Angaben finden sich nunmehr im Kommentarband (1983) zur Ausgabe JUNGBLUTHS (1969).

Felder, Autoren, Werke. Das überaus weit gespannte Netz von Beziehungen, in dem BURDACH das schmale Werk zu lokalisieren suchte, ist in der Forschung beschnitten, seine Präferenz für den italienischen Humanismus und unorthodoxe religiöse Strömungen ist korrigiert worden (vgl. o. S. 23 ff.). Die Ausgabe, der Erklärungsband zur Ausgabe (1926–32) mit seinem großen Kapitel über den englischen 'Piers Plowman' und dessen Umfeld und mit dem 5. Exkurs über die „Vorgeschichte" von der Antike bis zu den zeitgenössischen Belialprozessen, auch seine Schrift über ›Platonische, freireligiöse und persönliche Züge im Ackermann aus Böhmen‹ (1933), um nur drei zusammenfassende Arbeiten zu nennen, bieten lediglich einen Ausschnitt aus dem, was er in zahlreichen Untersuchungen über fünf Jahrzehnte hin zusammengetragen hat (siehe Bibliographie Ausgabe JUNGBLUTH). Seine Beobachtungen haben ihren Wert bis heute, weniger in der Benennung konkreter Quellen – das Brauchbare, etwa der Hinweis auf die Rechtssphäre, ist in die späteren Kommentare aufgenommen –, als darin, daß sie das geistesgeschichtliche Kräftefeld der Zeit eindrucksvoll abstecken. Auch das charakterisiert den Dialog, was ihn nicht berührt hat. In jüngster Zeit hat HRUBÝ (1980) mit Recht davor gewarnt, das BURDACHsche Material, das zu den humanistischen und religiös-häretischen Strömungen der Zeit leitet, zu pauschal abzutun. – HÜBNERS korrigierender Hinweis (1935, 1937) auf das „Deutsche" im A, auf die „Felder" deutscher mittelalterlicher Literatur, deren Einfluß sichtbar wird, wenn man den Dialog mehr als Dichtung denn als philosophischen Traktat liest, ist bereits ausführlicher dargestellt (vgl. o. S. 24), auch BÄUMLS (1960) Warnung, darüber nun wieder die mittellateinischen Traditionen, aus denen die nationalen entspringen und immer wieder gespeist werden, zu vernachlässigen (vgl. o. S. 32). VOGT-HERRMANN hat den Einfluß der jüngeren Spruchdichtung genauer untersucht (vgl. o. S. 51 f.), aber auch die Übersetzungsprosa Johanns von Neumarkt einbegriffen; im Mittelpunkt stehen Heinrich von Mügeln und Frauenlob. Wiederholt sei ihre einschränkende Feststellung, daß sich verbindliche Aussagen über Abhängigkeitsverhältnisse und die literaturgeschichtliche Stellung des A erst machen lassen, wenn auch die übrigen Einflußbereiche wie die deutsche Predigtprosa, die Mystik, die jüngere Didaxe, das Gesellschaftslied usw. gleich systematisch untersucht sind. Das ist bis heute, schon wegen zum Teil unzureichender Textedition, nicht der Fall. WEBER hat am Rande seiner Untersuchung über den Kapitelaufbau stilistische Parallelen deutscher Prediger, Bertholds von Regensburg, Taulers, Seuses, auch Johanns von Neumarkt aufgelistet. Weitere Autoren und Werke, von denen Einfluß ausgegangen ist, lassen sich in den Grenzen ihrer Untersuchung über BÄUMLS (1960) und HRUBÝS (1971) Register erschließen. Den möglichen Einfluß von Boethius behandeln SWINBURNE (1957) und F. P. PICKERING; von Innozenz III. BRANDMEYER; des Buches Hiob C. A. WINSTON. Ein profilierender Einfluß des bedeutenden Rhetoriklehrers Nicolaus Dybinus (2. Hälfte 14. Jh.; vgl. H. SZKLENAR), auf den bereits BURDACH aufmerksam gemacht hatte (vgl. auch BRANDMEYER o. S. 82), läßt sich nach JAFFE (1974, S. 49 ff.) vorläufig nicht nachweisen.

Gattung. In welche Gattungstradition(en) hat sich Johannes mit seinem Werk gestellt? Es konkurrieren zwei Thesen: Der *A* ist Streitgespräch mit juristischem Einschlag. Der *A* ist nach dem Modell des *genus iudiciale* gestaltet mit streitgesprächartigen Modifizierungen. – KROGMANN hat diejenigen Streitgespräche, die als Typus oder konkreter Text den *A* beeinflußt haben könnten, übersichtlich zusammengestellt und abgedruckt. (Ausgabe S. 41 ff.; zur Gattung vgl. I. KASTEN; ROTH war mir nicht rechtzeitig zugänglich.) Für den Streit zwischen Leben und Tod oder Mensch und Tod steht der oft abgeschriebene, bearbeitete und übersetzte lateinische 'Dialogus Mortis cum Homine'. Die Situation des Witwers entfaltet das 16. Kapitel der unter Senecas Namen überlieferten Schrift 'De remediis fortuitorum'. Der Witwer klagt mit einem stereotypen *uxorem bonam amisi*; sein Redepartner bietet Gründe gegen das Trauern auf, die sich zum Teil im *A* finden. In der mittelalterlichen Überlieferung erhalten die Gesprächspartner bezeichnende Namen; bei Petrarca heißen sie *Dolor* und *Ratio*. Johannes konnte für seine Figuren Grundhaltungen vorgeprägt finden (vgl. HAHN 1963, S. 31 f.). Für das Motiv der Anklage, der Beschuldigung eines Witwers gegenüber dem Tod, konnte HÜBNER einige französische Verse beibringen, die der Saazer allerdings kaum gekannt haben dürfte. KROGMANN hat auf die mittelniederdeutsch überlieferte Schrift ›Des Minners Anklagen‹ verwiesen, die sich gegen eine Dame und die Minne richten. Für solche Motive kann jetzt aber als sehr viel näher liegende Quelle der 'Tractatus de crudelitate mortis' (s. o. S. 96 ff.) angeführt werden. – In einigen neueren Interpretationen (s. o. S. 74 ff.) wird der *A* gattungsmäßig dem *genus iudiciale* zugeordnet. BRANDMEYER (o. S. 82) hat unter der Voraussetzung, Johannes habe in Prag studiert, die Quellen zusammengestellt, aus denen der *A*-Autor möglicherweise seine rhetorischen Kenntnisse, darunter die judizialen, gewinnen konnte.

Johann von Neumarkt. Der letzte Abschnitt gehört dem Kanzler Karls IV., Bischof von Leitomischl, später von Olmütz (vgl. HÖVER). Neben Karl selbst ist es vor allem er, in dem deutsches Spätmittelalter und italienischer Humanismus zu dem literarischen Geist zusammentreffen, der den Prager Hof prägt. Sein Bemühen um die Pflege der Kanzleisprache ist in der Formelsammlung ›Summa cancellarii‹ zusammengefaßt; seine Stilvorstellungen, die er auch dem Deutschen aufprägen will, verwirklicht er über die Kanzlei hinaus als geistlicher Schriftsteller, der die pseudo-augustinischen ›Soliloquia animae ad deum‹ als ›Buch der Liebkosung‹, den franziskanischen ›Stimulus amoris‹ als ›Stachel der Liebe‹, ein Hieronymusleben und Gebete in anspruchsvoll gestaltete deutsche Prosa überträgt. Der Saazer hat das 34. Kapitel des ›Buches der Liebkosung‹ in seinem 34. Kapitel (Schlußgebet) zum Teil wörtlich ausgeschrieben (HÜBNER 1935, S. 289 ff.) und sicher auch die anderen Schriften, darunter die Formelsammlung (BRANDMEYER S. 66 ff.), gekannt. Über alle punktuelle Berührung hinaus: die Stilvorstellung und die stilistischen Bemühungen des *A*-Autors nehmen, so weit er auch den Kanzler übertroffen hat, von diesem seinen Ausgang. Und mehr noch: das Selbstverständnis des Saazers als Kanzlist und

Literat dazu ist wohl am unmittelbarsten und umfassendsten aus Rolle und Wirken des Pragers abzuleiten.

D. Zur geschichtlichen Stellung des Ackermann

Die Frage nach dem geschichtlichen Ort des *A* ist für dieses Werk der Wende vom 14. zum 15. Jh. meist als Frage nach seiner Stellung zwischen Mittelalter und Neuzeit gestellt worden. Die wichtigsten Antworten sind bereits im Zusammenhang mit den Werkdeutungen genannt, aus denen sie ihre wesentliche Begründung beziehen. Sie können hier knapp zusammengefaßt, geordnet und ergänzt werden.

BURDACH (vgl. o. S. 21 ff.) hatte die mittelalterliche Bindung des Werks durchaus gesehen, als sein bezeichnend Neues aber die kämpferisch diesseitsbejahende Haltung des Klägers hervorgehoben, die er als humanistisch, renaissancehaft, auch frühreformatorisch im Rahmen eines böhmischen Frühhumanismus italienischer Prägung und der beginnenden hussitischen Unruhen einschätzte. Sein Urteil, oft noch epigonal vereindeutigt (vgl. BRAND S. 14 f.), beherrschte das erste Jahrhundertdrittel, bis dann, 1935, dieselbe Methode, einzelne Aussagen des Werks mit geistesgeschichtlichen Strömungen zu verbinden, SCHAFFERUS (vgl. o. S. 23 f.) zu dem völlig entgegengesetzten Ergebnis führte, der *A* sei nach Gedankenwelt und Darstellungsform ein genuin mittelalterliches Werk. Wegweisend war jedoch die Kritik HÜBNERS (1935, 1937; vgl. o. S. 24 ff.), der nicht nur die enge Verflochtenheit des *A* mit der mittelalterlichen deutschen Literatur aufdeckte, sondern grundsätzlicher festlegte, daß einer geistesgeschichtlichen Ortung des Werks eine literaturgeschichtliche vorauszugehen habe, in der die literarische Geformtheit des Werkes in ihren eigenen Traditionszusammenhängen zur Geltung gebracht werden müsse. Gegen den Begriff von Renaissance als eines leidenschaftlich verfochtenen neuen weltanschaulichen Bekenntnisses, wie er BURDACH leitete, setzte SCHIROKAUER (1949) den anderen, wonach Renaissance nicht „Erlebnis, sondern Bildungserlebnis" ist (S. 215), gelehrte Rezeptionsanstrengung verbunden mit stilistischem Ehrgeiz auch in der Volkssprache. Diese Arbeit mag darauf hinweisen, wie definitionsbedürftig und strittig Epochennomenklatur dieser Art ist – bis heute.

HÜBNER und der Fund des Widmungsbriefes haben eine Reihe von Untersuchungen zu den Darstellungsmitteln, besonders den rhetorisch-stilistischen, hervorgerufen. Während HÜBNER den Stilwillen des Saazers und bestimmte grammatische und stilistische Züge in der „neuen Latinität" Italiens begründet sah, die allerdings schwer von der „älteren Latinität" des Mittelalters zu scheiden sei, geht in den folgenden Formuntersuchungen, soweit überhaupt geschichtlich gefragt wird, die Tendenz dahin, den Einfluß lateinischer und deutscher mittelalterlicher Traditionen genauer zu erschließen und stärker zu betonen (BÄUML o. S. 58; VOGT-HERRMANN o. S. 51 f.; WEBER o. S. 39; BRANDMEYER o. S. 82). Worin sich aber der A-Stil, besonders wenn man größere Vergleichseinheiten ansetzt, unüberhörbar von diesen Traditionen abhebt, wird eher vorsichtig als das „Eigene" und das „Neue", das „Erstmalige" daran bestimmt: daß hier deutsche Prosa zum erstenmal diese höchste stilistische Aufmerksamkeit erfährt (BÄUML o. S. 58), daß diese besonders dem Bau und der Anordnung von syntaktischen Einheiten unter rhythmischem Impetus gilt (u. a. SOMMERFELD-BRAND o. S. 32 f., HAHN o. S. 34, THIEME o. S. 44, SWINBURNE o. S. 45), oder auch, daß der A-Verfasser so souverän über Verschiedenstes verfügt (BLASCHKA o. S. 33).

BRAND (vgl. o. S. 53 ff.) konnte entgegen HÜBNERS Skepsis für das Streitgespräch eine „Baulinie" als Gesamtaussage nachweisen und hat sie auch geschichtlich zu deuten versucht. Sie will dabei HÜBNERS Scheidung zwischen der deutsch-mittelalterlich geprägten Substanz und dem italienisch-humanistisch geprägten Stilwillen als zu einfaches Modell überwinden. „Neuzeitlich" ist der thematisierte Konflikt: ein Mensch erleidet das Todesschicksal so tief, daß er sich vorübergehend aus der göttlichen Weltordnung ausgeschlossen fühlt; „mittelalterlich" ist die Lösung: er wird zum Glauben an die Harmonie dieser Weltordnung, in der Leben und Tod ihren Platz haben, zurückgeführt. So faßt auch VAN STOCKUM zusammen. BÄUML (vgl. o. S. 58) dagegen kritisiert die ungeschichtliche pauschale Gleichsetzung von persönlichem Erleben und Neuzeit, Mittelalter und Harmoniedenken und betont, besonders für die Figur des Todes, das mittelalterliche gedankliche Substrat. Daß auch die Ackermann-Figur aus einem traditionellen Muster, dem Minne-Modell, entwickelt ist, hebt neben DEINERT (vgl. o. S. 62) HAHN (vgl. o. S. 69) hervor. Neu ist, mit welcher Hartnäckigkeit und welcher Systematik die lebensbejahende Position des Klägers zur Gleichwertigkeit mit der des Todes gestaltet ist. In diesem Perspektivismus greifen spätes Mittelalter und frühe Neuzeit untrennbar ineinander. Daß keine vereinzelte, sondern eine zeittypische Erscheinung vorliegt, wenn ein und dasselbe Werk „eine Reihe verschiedenartiger ideeller Konzeptionen und Identifikationsangebote" (S. 283) ohne Harmonisierung und Präferenz vorlegt, hat B. KÖNNEKER (1980) anregend aufgezeigt, indem sie den *A* mit Oswalds von Wolkenstein Liedwerk und Heinrich Wittenwilers ›Ring‹ im Hinblick auf den Umgang mit der Tradition vergleicht. Sie wertet diese Erscheinung jedoch „nicht so sehr als Ausdruck jener vielzitierten spätmittelalterlichen Zerrissenheit ... zwischen Diesseitsbejahung und Jenseitsfurcht", sondern als „Ausdruck einer neu erworbenen geistigen Unabhängigkeit" (S. 284), in der bisherige weltanschauliche Positionen nicht mehr kritiklos hingenommen, neue noch nicht zusammenhängend formuliert werden können. Eine Ausweitung des Blickfelds bei gleichzeitiger Zusammenschau von Inhaltlichem und Formalem hatte, anders gerichtet, zuvor schon BURGER (vgl. o. S. 94 f.) vorgenommen, als er die rhetorische Diskussion des Leben-Tod-Problems der erneuerten, von Italien ausstrahlenden *ars movendi* zuordnete. Das mag hinreichend repräsentativ für den sehr gemischten Chor der Stimmen sein.

Zusammengefaßt: Sicher sind die abstrakten Epochenbegriffe Mittelalter und Neuzeit, auch Spätmittelalter, Humanismus und Renaissance nicht geeignet, das Werk als Ganzes oder in Teilen und Schichten zu charakterisieren. Darin ist der Kritik NATTs, die zuletzt noch einmal Aussagen dieser Art zusammengestellt hat (S. 6 ff.), zuzustimmen; ihrer grundsätzlichen Skepsis braucht man jedoch nicht zu folgen. Sicher ist auch der Begriff des Übergangs ein Leerbegriff, wenn er nicht mit konkreten Beschreibungen dessen aufgefüllt wird, was Johannes wo vorfinden konnte und wie er es weiterführend verarbeitet hat. Solche Beschreibungen aber liegen unter den oben genannten, dazu auch in solchen vor, in denen nicht ausdrücklich auf ein geschichtliches Urteil abgehoben (wie bei ERBEN) oder sogar darauf verzichtet wird (wie bei BUCHTMANN). Sie sind besonders dort erhellend, wo sie Formales als Funktion der Aussage und Aussagen als gestaltete vorführen und solche Komplexe in verschiedene Richtung vergleichen. In ihnen wird allmählich ein realistisches Bild von der Leistung des Saazers sichtbar, das gewiß noch korrigiert, koordiniert und ergänzt werden muß. – Die Frage nach der (literatur)geschichtlichen Stelle des Werkes ist vor allem darauf bezogen worden, wie Johannes das Thema Leben und Tod behandelt hat. Einzubeziehen ist das vorgeordnete Faktum (vgl. auch o. S. 4 f.), daß der Saazer als Notar und Schulrektor wie der Neumarkter als böhmischer Kanzler neben, aber in enger Verbindung mit seiner beruflichen Tätigkeit unter hohem Anspruch literarisch tätig geworden ist: der *A* als ein frühes und höchst bedeutendes Stück dieses literaturtragenden Berufsstandes.

An dieser Stelle seien zwei Interpretationen nachgetragen, die sich in ihrer Werkanalyse weitgehend auf HAHN (1963) beziehen, die Befunde aber sozialgeschichtlich zu verankern suchen. – In einem literaturgeschichtlichen Band zum 16. Jh., der sich als marxistischer Beitrag zu den „äußerst komplizierten Wechselbeziehungen zwischen der Literatur und der Gesellschaft in einem konkret geschichtlichen Raum" (S. 22) versteht, behandelt

W. LENK das „Menschenbild" der *A*-Dichtung. Als vorwärtsweisend gelten alle Momente der Diesseitsbejahung in den Darlegungen des Ackermanns und deren Grundlage, der emotional-subjektive Wertbezug dieser Figur, die bezeichnenderweise nicht als Allegorie des Lebens, sondern als fühlender Mensch gestaltet ist: Beginn menschlichen Selbstbewußtseins als autonomes irdisches Wesen. Geschichtlich bedingte Begrenzung stellt dar, daß dieses Selbstbewußtsein seine Sicherheit vorerst nur im engsten gesellschaftlichen Umfeld hat, der ehelichen Beziehung und Freundschaft, und noch der Berufung auf Gott bedarf, der allerdings unorthodox in Anspruch genommen wird. Den entgegengesetzten, christlich-orthodoxen Standpunkt „der Weltverachtung und -verneinung, der Verketzerung alles Diesseitig-Menschlichen" (S. 132), dem der naturrechtliche Aspekt integriert ist, vertritt mit der Wucht einer traditionsgeheiligten, geschlossenen Ideologie der Tod. Dennoch kann sich das ertastete neue Menschenbild des Ackermanns als dialektische Entgegensetzung behaupten: Gott läßt es im Urteil, relativiert zwar, bestehen. LENKS mehr bewertende als erschließende Darstellung steht und fällt damit, wieweit man die „Grundlage der marxistisch-leninistischen Analyse und prognostischen Konzeption der Menschheitsentwicklung" (S. 109) akzeptiert. Von konkreteren gesellschaftlichen Bezügen wird wenig namhaft gemacht. Daß der Ackermann das Rezept der stoischen Affektenthaltung, das in der italienischen Renaissance positiv behandelt wird, ablehnt, bringt LENK mit der affektiv-tatbezogenen hussitischen Bewegung in Böhmen in Verbindung; das Motiv, Gott solle seine Gerechtigkeit gegen den falschen Richter Tod durchsetzen, mit der Kampfparole der „Gerechtigkeit Gottes" der bäuerlichen Befreiungskämpfe; mit sozialen Kämpfen der Zeit auch das Herr-Knecht-Verhältnis, in dem Tod und Ackermann angesetzt sind. Das bleibt zu willkürlich und vage.

M. E. MÜLLER arbeitet pointiert heraus, daß Problemstellung und -lösung im *A* aufs engste mit der Entwicklung der Familienstruktur, besonders der Beziehung der Ehepartner zusammenhängen. Familie wird im *A* nicht mehr als ein Zweckverband vorgeführt, der unter Leitung des *pater familias* und seiner dominierenden und disziplinierenden hausväterlichen Gewalt Besitz und Stand von Generation zu Generation überträgt. Die Beziehung ist vielmehr geprägt von emotionaler, affektivpersönlicher Zuwendung. In ihr drückt sich aus, daß die Ehefrau ihre Pflichten verinnerlicht hat und daß für den Ehemann Frau und Familie die Institution geworden sind, „aus der er die moralische Qualität und den sozialen Nutzen seiner beruflichen Tätigkeit, gesellschaftliches Ansehen wie Freude und Lust seines Daseins" (S. 272) bezieht. MÜLLER sieht die Voraussetzung für diese Änderung vor allem in Berufs- und Lebensform eines neuen Mittelstands gegeben. Die Familie dessen, der in Verwaltung, Handel und Verkehr gegen Lohn Dienstleistungen erbringt, bleibt innerhalb des sozialen und wirtschaftlichen Gesamtverbandes stärker in sich abgeschlossen und wird selbst zum Sinnzusammenhang stilisiert. Die Härte der Todeserfahrung des Ackermanns ist dadurch bedingt, daß mit dem Tod der Ehefrau dieser bisherige Sinnzusammenhang zusammenbricht. Er gerät in eine krisenhafte Vereinzelung, zu der beiträgt, daß die ganze Welt in Auflösung und Wandel geraten zu sein scheint. Die wirtschaftliche Expansion Böhmens, das mehr als ein Drittel des europäischen Silbers fördert, ist Hintergrund für das Bild der *vanitas*, das der Tod im XXXII. Kapitel zeichnet: Naturausbeutung und Geschäftigkeit sind Ursache allgemeinen Sittenverfalls, und dem stimmt der Ackermann in seinen Zeitklagen bei. Als größeren Zusammenhang dessen, daß der Tod in und als Vereinzelung erfahren wird, nennt MÜLLER die Isolierung Sterbender als Hygienemaßnahme in den Pestepidemien des Jahrhunderts und die unproduktiven Ausbruchsversuche aus dieser „Zwangsvereinzelung" (S. 268) in Massenpsychosen und Wahnhysterien. Die Bindung an die Ehefrau, die im Gedächtnis fortlebt und deren Gedächtnis er verteidigt, gibt dem Ackermann die Möglichkeit einer andersartigen, neuen Verarbeitung der vereinzelnden Todeserfahrung. Er kann der Versuchung widerstehen, der traditionell mittelalterlichen geistlichen Argumentation des Todes beizutreten, die in den Parolen der Weltverachtung und Jenseitsorientierung gipfelt und sich mit frühhumanistisch erneuerter stoischer Affektenthaltungslehre verbindet. Es gelingt ihm, eine Position durchzuhalten, in der die Frage des Seelenheils eine erstaunlich geringe Rolle spielt neben der einer irdischen Glücksmöglichkeit. Er stützt sie objektivierend ab, indem er ein Bild der *dignitas hominis* entwirft, das darin renaissancehaft ist, daß es die *dignitas* nicht als Fähigkeit zu aktiver Weltumgestaltung, sondern als Fähigkeit zu geistig-ästhetischer Produktion, zu genußvoller Kontemplation umschreibt. Die *miseria hominis,* die der Tod betont, darf nicht einfach dem finsteren Mittelalter zugerechnet werden, sondern ist, als Vergänglichkeitsmotiv, Unterton auch des neuen humanistischen Lebensgefühls. Die Gesamtheit des Textes macht einsichtig, „warum dem Menschen an der Schwelle zur Neuzeit der Tod zum Problem geworden ist, warum der Mensch aber auch gerade im Spiegel des Todes seiner Individualität gewahr wird" (S. 268). – Eine sehr geschlossene Erklärung. Um ihren Entwurfcharakter weiß MÜLLER selbst: „Schließlich hat es, gerade in Böhmen seit den Kanzleireformbestrebungen unter Karl IV., zahlreiche Beamte gegeben – die *Ackermann*dichtung an der Wende zum 15. Jahrhundert jedoch ist singulär und wird es noch auf lange Zeit bleiben. Wenn sich aus den sozialgeschichtlichen Bedingungen der Epoche und insbesondere denjenigen des intellektuellen Mittelstandes keine Notwendigkeit ihres Entstehens ableiten läßt, so doch immerhin ein Verständnis für ihre Möglichkeit, und das ist nicht wenig" (S. 272 f.). Singulär, so muß ergänzt werden, ist der *A* allerdings nur nach Thema und Qualität, nicht als 'Beamtenliteratur' selbst – siehe Johann von Neumarkt.

E. Zum Werkcharakter

Die Überzeugung, im *A* habe ein weltanschauliches Ringen aus persönlicher Betroffenheit dichterische Gestalt gewonnen, die BURDACH und seine Nachfolger teilten, geriet durch den

Fund des Widmungsbriefes und HÜBNERS Untersuchungen (1935, 1937) in Zweifel. HÜBNER fragte sich angesichts des so exklusiv betonten Stilwillens im Brief und seiner überaus bemühten Realisierung im Werk, angesichts der engen Traditionsgebundenheit der „dichterischen Substanz" und der mangelnden Kohärenz der „Baulinie", ob der *A* nicht besser als „Stilkunstwerk", ja „stilistisches Experiment" mit eingeschränktem weltanschaulichen Anspruch denn als „Dichtung" zu verstehen sei, hielt diese Frage aber ebenso offen wie die eines biographischen Anstoßes (vgl. o. S. 25 f.). Am entschiedensten hat die These, daß der *A* „rhetorische Fiktion" sei, „Dictamen", ausgeübte „Ars dictaminis rhetorici", bei Johannes in Personalunion mit der „Ars notoriae" verbunden, BLASCHKA vertreten, der in dieser Bestimmung aber weder den „modernen Lebenswert" des Werkes noch dessen „Zeitwert" gemindert sah: „denn der mittelalterliche Rhetor und Dictator war ebenso des Lorbeers wert wie der Poeta" (1935, S. 363). Er hat systematisch versucht, die Angaben in Dialog und Begleitbrief, die als biographische gedeutet worden waren, als solche zu entwerten (1951/52, 550 Jahre, bes. S. 42. 45. 50; 1965, S. 61 f.). Darin ist ihm KROGMANN (Ausgabe, S. 10 ff.; auch M. JAATINEN) entgegengetreten und hat noch einmal die Gründe für einen realen Erlebnishintergrund zusammengefaßt. Die Diskussion ist bei BÄUML (1970, S. 14 ff.) übersichtlich zusammengestellt und ergänzt (vgl. auch JUNGBLUTHS Kommentarband 1983 zu den Stellen). Hier die wichtigsten Punkte.

Daß Johannes seinen eigenen Namen, Titel, Beruf und sein Herkunftsland ins Werk einträgt (vgl. o. S. 1), kann auch in der Form, in der es geschieht (Akrostichon, Pflügermetapher), als traditionelle Autornennung aufgefaßt werden. Beruf und Land sind allerdings der Figur des klagenden Witwers zugeteilt, was nahelegt, daß sich Johannes nicht nur mit seiner Verfasserschaft, sondern auch in einer Witwerschaft ins Werk einbringen will. Auf dieser Linie wären dann auch die verrätselte und offene Nennung des Namens der Toten, *Margret*, Ort und Zeitpunkt des Todes, die Bezugnahme auf verwaiste Kinder (vgl. o. S. 3) als autorbiographische Daten zu werten. Andererseits ist Margareta nicht nur ein sehr beliebter Frauenname der Zeit, sondern auch Name der Gemahlin Karls IV., die am 1. August (!) 1348 gestorben ist, zudem ein Name voller Symbolgehalt. Karl selbst reflektierte im ›Jugendleben‹ über ihn im Zusammenhang mit der Perle des Gleichnisses Matth. 13, 45 f.; blumensymbolisch steht die Margerite für Treue und Liebe. Spielt Johannes in der Frauenfigur seines Werkes statt auf Erlebtes auf solche Zusammenhänge an? Urkundlich belegt ist nur eine Gattin *Clara*, die Johannes überlebte. Doch könnte diese – auch die Klägerfigur erwägt eine Wiederverheiratung (XXVII, 15 ff.) – die zweite Gattin sein. Ist 1400 lediglich das Abfassungsjahr des Streitgesprächs, an dessen 1. August der Schulmeister in die Ferien geht, die ihm literarisches Schaffen ermöglichen, wobei Endzeiterwartungen des Säkular- und Jubeljahres auf das Thema eingewirkt haben könnten? Hätte Johannes aber nicht auch bei einem realen Todesfall alle möglichen Konnotationen literarisch ausgewertet? – Ähnlich mehrdeutig sind einige Angaben im Begleitschreiben. *Karitas que nos horis floride juuentutis vniuit me hortatur et cogit vestri memoria consolari* (6 f.). Nach BLASCHKA (1951/52, Brieftopos; 1955/56) liegt hier ein alter Brieftopos des Inhalts vor, „daß das Briefschreiben an sich schon ein großer Trost sei", und zwar „für den Briefschreiber" (1955/56, S. 638), ohne daß, wie KROGMANN behauptet hatte, ein besonderer Grund vorliegen müsse. Mit dem Topos lassen sich aber sicher beide Fälle zum Ausdruck bringen. *Assumere thema* bedeutet „sich ein Thema stellen"; *per preassumptum grosse materie* (12) ist am besten zu übersetzen mit „wegen des bereits gestellten, vorgegebenen gewaltigen Themas". Wieder aber bleibt offen, woraus sich die Themenstellung ergeben hat, ob aus einem Todes- oder etwa einem Lektüreerlebnis. Heißt schließlich *jnveccio ... situatur* (12 f.), daß die Invektive wie ein Stilleben „gestellt" ist, oder daß sie einer Erfahrung „nachgestellt, -geschaffen" ist? – Zusammengefaßt: Ein Todesfall als Anlaß für das Werk läßt sich bis heute weder zwingend beweisen noch eindeutig ablehnen.

Mit Erlebnishintergrund, ausgeprägtem Stilwillen, dichtem Traditionsbezug und der Aufbauproblematik sind die Punkte benannt, die in der Diskussion des Werkcharakters die entscheidende Rolle spielten und spielen. Was den Werkcharakter anlangt, geht es vor allem um die Frage, ob der *A* über das „Stilkunstwerk" hinaus „Dichtung" in dem Sinne sei, daß der Autor eine verbindliche Aussage und Stellungnahme zum Thema Tod und Leben vorlegen wollte. Der Zweifel am Dichtungsstatus aufgrund des rhetorisch geprägten Stilwillens, der Traditionsgebundenheit der verwendeten Argumente, Motive usw. und eines Aufbaus, der von vertrauten Formen eines Gesprächsverlaufs abweicht, einerseits, die Behauptung eben dieses Dichtungsstatus durch Hinweis auf einen Erlebnishintergrund andererseits – beides ist heute zeitnäheren und differenzierteren Vorstellungen gewichen.

Vom Aufbau aus hat HAHN (1963, bes. S. 15. 111 ff.) argumentiert. Nicht das – wahrscheinliche – Todeserlebnis des Autors berechtigt, den *A* als dichterische Verarbeitung des Todesproblems aufzufassen, sondern der nachgewiesene konsequente kompositorische Gestaltungswille, der auch die Schicht der Inhalte und Bedeutungen erfaßt hat. In der durchgehenden Baulinie wird die Stimme des Autors durch sein tradiertes Material hindurch und in ihm hörbar. Biographisches wie ein realer Todesfall war in der Zeit um 1400 gestaltungswürdig und gestaltbar nur, indem es sich im Rahmen tradierter Vorstellungen als typisch erweisen konnte. In die allgemeine Darstellung des Todesproblems sind einige einzelne konkrete Daten (Namen, Ort, Zeit) eingefügt, die – wie Inschriften eines Epitaphs – das Gedächtnis der Betroffenen stiften, ohne die künstlerische Form zu begründen. Die Relevanz des Themas ist durch die Wahl der Prosa und prozessualer Formen und die rhetorische Elaboriertheit signalisiert. – Diese Werkbestimmung, der die These von der sprechenden Komposition zugrunde liegt, wäre im Hinblick auf die These vom *genus iudiciale* als Rahmenform neu zu durchdenken.

Der Zweifel daran, ob sich ein hochrhetorischer Stil mit der Ernsthaftigkeit des Anliegens oder gar persönlicher Betroffenheit aus biographischem Anlaß vertrage, hängt letztlich mit dem generellen Verdikt über die Rhetorik als hohle Schönrederei seit dem 18. Jh. zusammen. Die Korrektur dieser Vorstellung ist auch dem *A* zugute gekommen, in den verschiedene rhetorische Traditionsstränge münden. BURGER hat gezeigt, daß die *ars movendi* im Dienste lebensverbindlichen Wissens steht (vgl. o. S. 94 f.). Aber auch die *ars ornandi* bringt im Blümen die Werthöhe ihres thematisierten Gegenstandes zum Ausdruck, wie STACKMANN für Heinrich von Mügeln, F. SCHÜLEIN generell gezeigt hat. Kanzleirhetorik betont die Verbindlichkeit des in ihr Formulierten, Gerichtsrhetorik dringt auf Überzeugung (vgl. o. S. 75). STOLT hat auf den *A* bezogen, daß Rhetorik traditionell dazu dient, Gefühle, Affekte zu wecken, und zwar nicht nur beim Hörer, sondern im selben Vorgang und noch stärker auch beim Redner, ihn damit zur Überzeugungskraft befähigend. „Damit löst sich der scheinbare Widerspruch zwischen echtem Gefühl und rhetorischer Ausstattung: nicht: trotz der Rhetorik liegt ein echt empfundenes Werk vor, weil es auf Erlebnis beruht, sondern: ein echtes Empfinden, das eigenem Erleben oder künstlerischer, an der Rhetorik geübter Phantasie entspringt, wird mit rhetorischen Mitteln sprachlich gestaltet und im Leser erweckt" (S. 17). H. HENNE zeigt, wie derselbe hochgespannte, an den Italienern ausgerichtete Stilwille bei Johann von Neumarkt im Übersetzungsvorgang „Stilübung" bleibt, während der *A* die Bedingungen eines „Kunststücks", literarischer Prosa im neuzeitlichen Sinn erfüllt: „Der Verfasser literarischer Prosa muß einen Entwurf der Welt liefern, in dem Erfahrungen, seine und die der Zeit, nicht nur stilistisch verarbeitet, sondern literarisch reflektiert und gestaltet sind" (S. 334).

Von den Kategorien der „Tradition" und „Ursprünglichkeit" aus rollt BÄUML (1970) das Problem des Dichtungsbegriffs auf. Sein Beitrag bietet zugleich eine gute Analyse der bisherigen Diskussion. Tradition spielt eine doppelte Rolle. Sie ermöglicht dem Künstler, sein Erleben ins Kunstwerk zu „übersetzen", indem sie entsprechende Schablonen bereitstellt. „Angenommen z. B., daß hinter dem ›Ackermann‹ ein Erlebnis liegt, so kann es wohl sein, daß dies Erlebnis erst als solches durch die Wirkung des ›Tractatus de crudelitate mortis‹ und verschiedener Erlebnisschablonen gestaltet und erkannt wurde..." (S. 23). In dieser Begegnung, die sich unter den eigengesetzlichen Bedingungen des im Werden begriffenen Kunstwerks abspielt, ändert sich in Wechselwirkung sowohl das Erlebnis wie das Traditionselement, beispielsweise ein Topos. In dieser „sinngemäß abgewandelten Anwendung" (S. 22), nicht etwa im Erlebnis, wie es in der Forschung immer wieder geschah, ist das „Ursprüngliche", das Neue des Werkes aufzusuchen. Die Tradition ist es zum anderen auch, die – unabdingbare Bedingung eines Kunstwerks – dieses gegenüber dem Publikum zur Wirkung gelangen läßt, denn das Originelle ist nur wahrnehmbar als Abwandlung von Traditionellem. „Die durch die Entwicklung der ›Ackermann‹-Forschung herbeigeführte Gegenüberstellung von Traditionsbestimmtem, Formalem einerseits und Erlebtem andererseits als Gegensätzen führte zu einer Problemstellung, die mit den Gegebenheiten – dem Prozeß der Wirkung eines (irgendeines) Kunstwerks – wenig mehr zu tun hatte." Jahrzehnte ›Ackermann‹-Forschung als „Schattengefecht" (S. 25).

In solchen Stellungnahmen zeichnet sich die Möglichkeit ab, den *A* nicht nur trotz, sondern gerade in seiner Formbetontheit und Traditionsgebundenheit als relevante Aussage und Stellungnahme zum Problem Tod und Leben verstehen zu können, ohne daß ein – unbewiesenes – konkretes Todeserlebnis zur unabdingbaren Voraussetzung erklärt werden muß.

ZITIERWEISE UND ABKÜRZUNGEN

'Ackermann'-Text und Begleitbrief sind nach der Ausgabe JUNG-BLUTH 1969 zitiert, wenn nicht anders vermerkt. II, 7 = Kapitel II, Zeile 7. – Die Forschungsliteratur ist im Text mit dem Verfassernamen angegeben, wenn das Literaturverzeichnis nur einen Beitrag anführt, sonst zusätzlich mit Erscheinungsjahr und, wo nötig, Titelstichwort.

A	Der 'Ackermann aus Böhmen' als Werk, außer wo Mißverständnisse auftreten konnten; der Name der Figur ist ausgeschrieben.
AfdA	Anzeiger für deutsches Altertum.
BSB	Sitzungsberichte der Akademie der Wissenschaften in Berlin, phil.-hist. Klasse.
DU	Der Deutschunterricht.
DVjs	Deutsche Vierteljahrsschrift für Literaturwissenschaft und Geistesgeschichte.
JbIG	Jahrbuch für internationale Germanistik, Reihe A, Bd, 8, 3. Basel 1980 (Akten des VI. Internationalen Germanisten-Kongresses Basel 1980).
LSB	Deutsch-tschechische Beziehungen im Bereich der Sprache und Kultur, hrsg. von B. HAVRÁNEK und R. FISCHER. Sitzungsberichte der sächsischen Akademie der Wissenschaften zu Leipzig, phil.-hist. Klasse.
MLR	The Modern Language Review.
Monatshefte	Monatshefte für deutschen Unterricht.
MVG	Mitteilungen des Vereins für Geschichte der Deutschen in Böhmen.
PBB	Beiträge zur Geschichte der deutschen Sprache und Literatur.
T	Der 'Tkadleček' in C.I.2.
WW	Wirkendes Wort.
WZ	Wissenschaftliche Zeitschrift der Martin-Luther-Univer-

	sität Halle–Wittenberg. Gesellschafts- und sprachwissenschaftliche Reihe.
ZfdA	Zeitschrift für deutsches Altertum und deutsche Literatur.
ZfdPh	Zeitschrift für deutsche Philologie.

LITERATURVERZEICHNIS

Aufgenommen sind die besprochenen und erwähnten Titel

1. Ausgaben und Übersetzungen

HAGEN, F. H. VON DER (Hrsg.): Der Ackermann aus Böheim. Gespräch zwischen einem Wittwer und dem Tode. Erneuet. Frankfurt a. M. 1824.

KNIESCHEK, J. (Hrsg.): Der Ackermann aus Böhmen, hrsg. und mit dem tschechischen Gegenstück Tkadleček verglichen. Prag 1877 (Bibliothek der mhd. Literatur in Böhmen Bd. 2). Repr. Nachdr. Hildesheim 1968.

BERNT, A., und K. BURDACH (Hrsg.): Der Ackermann aus Böhmen, Berlin 1917 (Vom Mittelalter z. Reformation III, 1). [Weitere Erklärungen in BURDACH 1926–32.]

BERNT, A. (Hrsg.): Der Ackermann aus Böhmen des Johannes von Saaz. Heidelberg 1929 (Altdeutsches Schrifttum aus Böhmen 1).

HÜBNER, ARTHUR (Hrsg.): Der Ackermann aus Böhmen. Textausgabe. Leipzig ¹1937, ²1954 (mit Nachträgen von H. THOMAS), ³1965.

GIERACH, E. (Hrsg.): Johannes von Saaz, Der Ackermann aus Böhmen. Hrsg. von E. G. und übertragen von E. G. KOLBENHEYER. Prag 1943.

SPALDING, K. (Hrsg.): Johann von Tepl, Der Ackermann aus Böhmen. Oxford 1950 (Blackwell's German Texts).

WALSHE, M. O'C. (Hrsg.): Johannes von Tepl, Der Ackermann aus Böhmen. London 1951 (Duckworth's German Texts 8).

HAMMERICH, L. L., und G. JUNGBLUTH (Hrsg.): Der Ackermann aus Böhmen. Bd. I. Kopenhagen 1951 (Det Kgl. Danske Videnskabernes Selskab. Hist.-fil. Meddelelser XXXII, 4).

HAMMERICH, L. L., und G. JUNGBLUTH (Hrsg.): Johannes von Saaz, Der Ackermann aus Böhmen. Textausgabe. Heidelberg 1951.

KROGMANN, W. (Hrsg.): Johannes von Tepl, der ackerman. Auf Grund der deutschen Überlieferung und der tschechischen Bearbeitung kritisch hrsg. Wiesbaden [1]1954, [4]1978 (Dt. Klassiker d. Mittelalters N.F. Bd. 1).

JUNGBLUTH, G. (Hrsg.): Johannes von Saaz, Der Ackermann aus Böhmen. Bd. I. Heidelberg 1969. Bd. II Kommentar, aus dem Nachlaß hrsg. R. ZÄCK. Heidelberg 1983.

WALSHE, M. O'C. (Hrsg.): Johannes von Tepl, Der Ackermann aus Böhmen. A Working Edition. Hull 1982 (New German Studies, Monographs Vol. 6).

BERNT, A. (Hrsg.): Johannes von Saaz, Der ackermann und der tod. Faksimile-Ausgabe des ersten Druckes von Johannes von Saaz' Schrift 'Der Ackermann und der Tod'. Leipzig 1919. [a]

SCHRAMM, A. (Hrsg.): Bresma-Druck der Kunstanstalt M. Breslauer in Leipzig. Leipzig 1924. [c]

BERNT, A., und O. KLETZL (Hrsg.): Der Ackermann aus Böhmen, ein Streit- und Trostgespräch aus dem Jahre 1400 von Johannes von Saaz. Reichenberg 1925 (Böhmerlanddrucke 2). [H]

MENGE, H. H. (Hrsg.): 'Der Ackermann aus Böhmen'. In Abbildung des Druckes e_1. Göppingen 1975 (Litterae 37).

HÜBNER, ALFRED: Johannes von Tepl, Der Ackermann aus Böhmen. Rhythmus- und stilgetreu übertragen. Hannover 1947 (Bücherei Hahn 23).

GENZMER, F.: Johannes von Tepl, Der Ackermann aus Böhmen. Originaler Text [Ausgabe HÜBNER] und Übertragung. Stuttgart 1981 (Reclams Universalbibl. 7666).

HRUBÝ, H., und F. ŠIMEK (Hrsg.): Tkadleček. Prag 1923 (Sbírka I, I, Nr. 11).

2. Forschungsliteratur

ARBUSOW, L.: Colores rhetorici. Eine Auswahl rhetorischer Figuren und Gemeinplätze. Göttingen 1948.

ANDERSON, R. R., und J. C. THOMAS: Index Verborum zum Ackermann aus Böhmen. Ein alphabetisch angeordnetes Wortregister zu Textgestaltungen des Ackermanns aus Böhmen von Knieschek bis Jungbluth. 2 Bde. Amsterdam 1973.

BACON, I.: A Survey of the Changes in the Interpretation of Ackermann aus Böhmen. With Special Emphasis on the Post-1940 Developments. In: Studies in Philology 53 (1956) 101–113.

BÄUML, F. H.: Der Ackermann aus Böhmen and the Destiny of Man. In: The Germanic Review 33 (1958) 223–232.
–: Rhetorical Devices and Structure in the 'Ackermann aus Böhmen'. Berkeley, Los Angeles 1960 (University of California Publications in Modern Philology 60).
–: 'Tradition', 'Ursprünglichkeit' und der Dichtungsbegriff in der 'Ackermann'-Forschung. In: Orbis mediaevalis. Festschr. A. BLASCHKA. Weimar 1970, S. 9–30.
BARTOŠ, F. M.: Der Dichter des Ackermann aus Böhmen. Dichtung und Welt. Sonntagsbeilage zur Prager Presse vom 27. 7. 1927.
–: Der Schöpfer der Rotlew-Bibel. In: Orbis mediaevalis. Festschr. A. Blaschka. Weimar 1970, S. 31–44.
BEER, K.: Neue Forschungen über den Schöpfer des Dialogs: Der Ackermann aus Böhmen. In: Jb. d. Vereins f. Gesch. d. Deutschen i. Böhmen 3 (1930–33) 1–56. [Auch in SCHWARZ 1968, S. 60 ff.]
BERNT, A.: Forschungen zum 'Ackermann aus Böhmen'. In: ZfdPh 55 (1930) 160–208 und 301–337.
BLANK, W.: Aspekte der 'Ackermann'-Interpretation. In: DU 17 (1965) H. 2, S. 63–79.
BLASCHKA, A.: Ackermann-Epilog. In: MVG 73 (1935) 73–87. [Zitiert nach SCHWARZ 1968, S. 345 ff.]
–: Das St.-Hieronymus-Offizium des 'Ackermann'-Dichters. In: Heimat und Volk, Festschr. W. Wostry, Brünn etc. 1937, S. 109–155.
–: Ein Brieftopos des 'Ackermann'-Dichters. In: WZ 1 (1951/52) H. 3, S. 37–40.
–: 550 Jahre 'Ackermann'. In: WZ 1 (1951/52) H. 3, S. 41–52.
–: Der Topos scribendo solari – Briefschreiben als Trost. In: WZ 5 (1955/56) H. 4, S. 637 f.
–: Ist Johannes de Sitbor Verfasser des Tkadleček? Neue Forschungen zum Ackermann-Problem. In: Zs. f. Slawistik 7 (1962) 125–130.
–: Zwei Beiträge zum Ackermann-Problem. In: LSB 57 (1965) H. 2, S. 45–62.
BORCK, K. H.: Juristisches und Rhetorisches im 'ackerman'. In: Zs. f. Ostforschung 12 (1963) 401–420.
BRAND, R.: Zur Interpretation des 'Ackermann aus Böhmen'. Basel 1944 (Basler Studien z. dt. Sprache u. Literatur 1). [Verf. identisch mit R. SOMMERFELD-BRAND.]
BRANDMEYER, K.: Rhetorisches im 'ackerman'. Untersuchungen zum

Einfluß der Rhetorik und Poetik des Mittelalters auf die literarische Technik Johanns von Tepl. Diss. Hamburg 1970.
BUCHTMANN, E.: Die 'Ackermann'-Dichtung. Ein Beitrag zu ihrer Interpretation. (Masch.) Diss. Marburg 1960.
BURDACH, K.: Der Dichter des Ackermann aus Böhmen und seine Zeit. Berlin 1926–32 (Vom Mittelalter z. Reformation III, 2. 3).
–: Platonische, freireligiöse und persönliche Züge im 'Ackermann aus Böhmen'. In: BSB 1933, XIV, S. 610–674. [Zitiert nach SCHWARZ 1968, S. 148 ff.]
BURGER, H. O.: Renaissance, Humanismus, Reformation. Deutsche Literatur im europäischen Kontext. Bad Homburg v. d. H. 1969 (Frankfurter Beitr. z. Germanistik 7).
DEINERT, H.: Der Ackermann aus Böhmen. In: Journal of English and Germanic Philology 61 (1962) 205–216.
DOCKHORN, K.: Macht und Wirkung der Rhetorik. Vier Aufsätze zur Ideengeschichte der Vormoderne. Bad Homburg v. d. H. 1968 (Respublica Literaria 2).
DOSKOČIL, K.: K pramenům Ackermanna. [= Zu den Quellen des Ackermann.] In: Sborník historický 8 (1961) 67–102.
EGGERS, H.: Deutsche Sprachgeschichte III: Das Frühneuhochdeutsche. Reinbek 1969 (rowohlts deutsche enzyklopädie 270).
ERBEN, J.: Komposition und Tradition im 'Ackermann aus Böhmen'. Bemerkungen zum Aufschlußwert der Wortbildung und des Wortgebrauchs. In: Sprache und Name in Österreich. Festschr. W. Steinhauser. Wien 1980, S. 81–97.
FARAL, E.: Les Arts Poétiques du XIIe et du XIIIe Siècle. Recherches et Documents. Paris 1923.
GERVINUS, G. G.: Geschichte der deutschen Dichtung. 2 Bde. Leipzig [4]1853, S. 222 ff.; [5]1871, S. 357.
GOTTSCHED, J. CH.: Neuer Büchersaal der schönen Wissenschaften und freyen Künste, 6. Bd., 2. Stück, 1748, S. 131–133.
HAHN, G.: Die Einheit des Ackermann aus Böhmen. München 1963 (Münchener Texte u. Untersuchungen z. dt. Lit. d. Mittelalters 5).
–: Johannes von Saaz, Der Ackermann aus Böhmen. München 1964 (Interpretationen z. Deutschunterricht an den höheren Schulen).
–: Artikel 'Johannes von Tepl'. In: Verfasserlexikon Bd. 4, Berlin [2]1982, Sp. 763–774.
HAMMERICH, L. L.: Rezension Ausgabe Bernt/Burdach, Burdach 1926 bis 1932, Burdach 1933. In: AfdA 53 (1934) 189–206.

–: Der Text des 'Ackermann aus Böhmen'. Kopenhagen 1938 (Det Kgl. Danske Videnskabernes Selskab. Hist.-fil. Medelelser XXXVI, 4).

–: Hochsprache und Mundart im Ackermann aus Böhmen. In: Festschrift R. Jakobson. Den Haag 1956, S. 195–200.

–: Der Dichter des 'Ackermann aus Böhmen' als lateinischer Schriftsteller. Vorläufige Mitteilung. In: Fides quaerens intellectum. Festschrift H. Roos. Kopenhagen 1964, S. 43–59.

HEILIG, K. J.: Die lateinische Widmung des Ackermanns aus Böhmen. In: Mitteilungen d. Inst. f. österr. Geschichtsforschung 47 (1934) 414–426. [Auch in SCHWARZ 1968, S. 130 ff.]

HENNE, H.: Literarische Prosa im 14. Jahrhundert – Stilübung und Kunststück. In: ZfdPh 97 (1978) 321–336.

HENNIG, R. K.: Satzbau und Aufbaustil im 'Ackermann aus Böhmen'. Diss. Univ. of Washington 1968 (auf Mikrofilm 1969).

–: Das erste Kapitel im Ackermann aus Böhmen. Eine Satz- und Strukturanalyse. In: Neophilologus 55 (1971) 157–174.

–: Die Rechtfertigung des Todes unter dem status qualitatis. Zur Interpretation der Todesfunktion im Ackermann aus Böhmen. In: ZfdPh 91 (1972) 374–383.

HÖVER, W.: Artikel 'Johann von Neumarkt'. In: Verfasserlexikon Bd. 4, Berlin ²1982, Sp. 686–695.

HRUBÝ, A.: Der 'Ackermann' und seine Vorlage. München 1971 (Münchener Texte u. Untersuchungen z. dt. Lit. d. Mittelalters 35).

–: Mittelalter und Renaissance im 'Ackermann aus Böhmen'. In: JbIG 1980, S. 288–294.

HÜBNER, ARTHUR: Das Deutsche im Ackermann aus Böhmen. In: BSB 1935, XVIII, S. 323–398. [Zitiert nach SCHWARZ 1968, S. 239 ff. als HÜBNER 1935.]

–: Deutsches Mittelalter und italienische Renaissance im 'Ackermann aus Böhmen'. In: Zs. f. Deutschkunde 51 (1937) 225–239. (Auch Kleine Schriften 1940, S. 198 ff.) [Zitiert nach SCHWARZ 1968, S. 368 ff. als HÜBNER 1937.]

–: Zur Überlieferung des 'Ackermanns aus Böhmen'. In: BSB 1937, S. 22–41.

JAATINEN, M.: Der Dichter des 'Ackermann aus Böhmen'. In: Neuphilol. Mitteilungen 65 (1964) 268–278.

JAFFE, S. P.: Nicolaus Dybinus' Declaratio oracionis de beata Dorothea: Studies and Documents in the History of Late Medieval Rhetoric. Wiesbaden 1974 (Beitr. z. Lit. d. XV. bis XVIII. Jh. 5).

JAFFE, S. P.: Des Witwers Verlangen nach Rat: Ironie und Struktureinheit im Ackermann aus Böhmen. In: Daphnis 7 (1978) 1–53.

–: Die Konzipierung der Ackermanndichtung im Prager Metropolitankapitel Codex O. LXX. In: Virtus et Fortuna, Festschrift H.-G. Roloff. Bern, Frankfurt a. M. 1983, S. 46–63.

JUNGBLUTH, G.: Ergebnisse und Fragen zum Text des 'Ackermann aus Böhmen'. In: DU 17 (1965) H. 2, S. 48–62.

–: Probleme der 'Ackermann'-Dichtung. In: WW 18 (1968) 145–155.

JUTZ, L.: Eine Innsbrucker Ackermannhandschrift. In: Archiv f. d. Studium d. neueren Sprachen 154 (1928) 1–17. [Q]

KASTEN, I.: Studien zu Thematik und Form des mittelhochdeutschen Streitgedichts. Diss. Hamburg 1973.

KATZEROWSKY, W.: Ein Formelbuch aus dem XIV. Jahrhundert. In: MVG 29 (1891) 1–30.

KÖNNEKER, B.: Johannes von Tepl – Heinrich Wittenwiler – Oswald von Wolkenstein: Versuch einer Zusammenschau. In: JbIG 1980, S. 280–287.

KROGMANN, W.: Zur Textkritik des 'Ackermann'. In: ZfdPh 69 (1944/45) 35–96. [Auch in SCHWARZ 1968, S. 403 ff.]

–: Das Akrostichon im 'Ackermann'. In: Festschr. W. Stammler. Berlin 1953, S. 130–145.

–: Untersuchungen zum 'Ackermann' I–VII. In: ZfdPh 72 (1953) 67–109; 73 (1954) 73–103; 74 (1955) 41–50; 75 (1956) 255–274; 76 (1957) 95–106.

–: Neue Funde der Ackermannforschung. In: DVjs 37 (1963) 254–263. [Zitiert nach SCHWARZ 1968, S. 526 ff.]

KUHN, H.: Zwei mittelalterliche Dichtungen vom Tod, 'Memento Mori' und 'Der Ackermann von Böhmen'. In: DU 5 (1953) H. 6, S. 84–93.

LAUSBERG, H.: Handbuch der literarischen Rhetorik. 2 Bde. München 1960.

LENK, W.: Der Ackermann und das Menschenleben. In: Grundpositionen der deutschen Literatur im 16. Jh. von I. SPRIEWALD etc. Berlin, Weimar ²1976, S. 114–148.

LESSING, G. E.: Zur Geschichte der deutschen Sprache und Literatur von den Minnesingern bis auf Luther, hrsg. Lachmann/Muncker, Bd. 16, S. 364.

MARTINI, F.: Die Gestalt des 'Ackermann' im 'Ackermann aus Böhmen'. In: ZfdPh 66 (1941) 37–54.

MENGE, H. H.: Die sogenannten „Formelbücher" des 'Ackermann'-Dichters Johannes. Ein Vorbericht. In: Litterae ignotae. Beiträge z. Textgesch. d. dt. Mittelalters, ges. U. MÜLLER. Göppingen 1977, S. 45–55.

MIEDER, W.: Streitgespräch und Sprichwort-Antithetik. Ein Beitrag zur Ackermann aus Böhmen- und Sprichwortforschung. In: Daphnis 2 (1973) 1–32.

MÜLLER, M. E.: Johannes von Tepl, Der Ackermann aus Böhmen. In: Einführung in die deutsche Literatur des 12. bis 16. Jahrhunderts, hrsg. W. FREY etc. Bd. 2: Patriziat und Landesherrschaft – 13.–15. Jahrhundert. Opladen 1982, S. 253–281.

NATT, R.: Der ackerman aus Böhmen des Johannes von Tepl. Ein Beitrag zur Interpretation. Göppingen 1978 (Göppinger Arbeiten z. Germanistik 235).

PALMER, N. F.: 'Antiquitus depingebatur', The Roman Pictures of Death and Misfortune in the Ackermann aus Böhmen and Tkadlecek, and in the Writings of the English Classicizing Friars. In: DVjs 57 (1983) 171–239.

PETERS, U.: Literatur in der Stadt. Studien zu den sozialen Voraussetzungen und kulturellen Organisationsformen städtischer Literatur im 13. und 14. Jahrhundert. Tübingen 1983 (Studien u. Texte z. Sozialgesch. d. Lit. 7).

PHILIPPSON, E. A.: Der Ackermann aus Böhmen. A Summary of Recent Research and an Appreciation. In: Modern Language Quarterly 2 (1941) 263–278.

PICKERING, F. P.: Augustinus oder Boethius? Berlin 1967 (Philol. Studien u. Quellen 39).

REITZER, J.: Das zehnte Kapitel des 'Ackermann aus Böhmen'. In: Monatshefte 44 (1952) 229–233.

–: Zum Sprachlich-Stilistischen im Ackermann aus Böhmen mit besonderem Hinblick auf Rhythmus und Zahlensymbolik. (Masch.) Diss. Colorado 1954.

–: Das XXXIII. Kapitel des 'Ackermann' mit besonderer Rücksicht auf Rhythmus und Zahlensymbolik. In: Monatshefte 47 (1955) 98–104.

RÖLL, W.: Rezension K. Schneider. In: PBB (Tübingen) 95 (1973) 491–496.

ROSENFELD, H.: Der Ackermann aus Böhmen. Scholastische Disputation von 1370 oder humanistisches Wortkunstwerk von 1401? In: JbIG 1980, S. 295–301.

Rosenfeld, H.: Der Ackermann aus Böhmen. Von scholastischer Disputation zum spätmittelalterlichen Volksbuch. In: Europäische Volksliteratur. Festschr. F. Karlinger. Wien 1980, S. 161–170.

–: Johannes de Šitboř, der Tkadleček und die beiden Ackermannfassungen von 1370 und 1401. In: Die Welt der Slaven 26 (N.F. 5) (1981) 102–124.

–: Der alttschechische Tkadleček in neuer Sicht. Ackermann-Vorlage, Waldenserallegorie oder höfische Dichtung? In: ebd. S. 357 bis 378.

Roth, J. S.: The Ackermann aus Böhmen and the Medieval Streitgespräch. (Masch.) Diss. University of Chicago 1981.

Schafferus, E.: Der Ackermann aus Böhmen und die Weltanschauung des Mittelalters. In: ZfdA 72 (1935) 209–239.

Scherer, W.: Geschichte der deutschen Litteratur. Berlin 1883, S. 268.

Schirokauer, A.: Der Ackermann aus Böhmen und das Renaissanceproblem. In: Monatshefte 41 (1949) 213–217.

–: Die Editionsgeschichte des Ackermann aus Böhmen: Ein Literaturbericht. In: Modern Philology 52 (1954/55) 145–158.

Schlesinger, L.: Das Urkundenbuch der Stadt Saaz. Prag 1892.

–: Zwei Formelbücher des XIV. Jahrhunderts aus Böhmen. In: MVG 27 (1889) 1–35.

Schneider, K.: Die deutschen Handschriften der Bayerischen Staatsbibliothek München. Cgm 201–350. Neu beschrieben. Wiesbaden 1970 (Catalogus codicum manu scriptorum Bibliothecae Monacensis. Tom. V, p. II).

Schreiber, R.: Peter Rothirsch von Prag, der Freund des Ackermanndichters. In: Zs. f. sudetendt. Gesch. 4 (1940) 287–294.

Schülein, F.: Zur Theorie und Praxis des Blümens. Frankfurt a. M., München 1976.

Schwarz, E.: Neue Forschungen zur Person des Ackermanndichters. In: Bohemia 7 (1966) 9–26.

–: Der Ackermann aus Böhmen des Johannes von Tepl und seine Zeit. Darmstadt 1968 (Wege der Forschung 143).

–: Johannes von Tepl. In: Lebensbilder zur Geschichte der böhmischen Länder. Bd. 2. Hrsg. K. Bosl. München, Wien 1976, S. 7–27.

Schwenk, R.: Vorarbeiten zu einer Biographie des Niklas von Wyle und zu einer kritischen Ausgabe seiner ersten Translatze. Göppingen 1978 (Göppinger Arbeiten z. Germanistik 227). [Exkurs über die 'Ackermann'-Hs. H, S. 390–400.]

SICHEL, G.: Der Ackermann aus Böhmen. Storia della critica. Florenz 1971.
SKÁLA, E.: Schriftsprache und Mundart im 'Ackermann aus Böhmen'. In: LSB 57 (1965) H. 2, S. 63–72.
–: Prager Deutsch. In: Zs. f. dt. Sprache 22 (1966) 84–91.
–: Die Entwicklung der Kanzleisprache in Eger 1310–1660. Berlin 1967 (Veröffentl. d. Inst. f. dt. Spr. u. Lit. 35).
SOMMERFELD-BRAND, R.: Zur Interpretation des 'Ackermann aus Böhmen'. In: Monatshefte 32 (1940) 387–397. [Verf. identisch mit R. BRAND.]
STACKMANN, K.: Der Spruchdichter Heinrich von Mügeln. Vorstudien zur Erkenntnis seiner Individualität. Heidelberg 1958.
STELZIG, H.: Ackermann-Studie. Versuch einer sprechwissenschaftlichen Analyse. In: WZ 5 (1955/56) H. 3, S. 435–438.
STOCKUM, TH. C. VAN: 'Der Ackermann aus Böhmen'. Herfstij der Middeleeuwen of humanistische Lente? Amsterdam 1952 (Mededelingen der Koninklijke Nederlandse Akademie van Wetenschappen, Afd. Letterkunde, Nieuwe Reeks, Deel 15, no. 4).
STOLT, B.: Rhetorik und Gefühl im Ackermann aus Böhmen. In: B. S., Wortkampf. Frühneuhochdeutsche Beispiele zur rhetorischen Praxis. Frankfurt a. M. 1974 (Respublica litteraria 8).
SWINBURNE, H.: Word-Order and Rhythm in the 'Ackermann aus Böhmen'. In: MLR 48 (1953) 413–420.
–: Echoes of the 'De consolatione Philosophiae' in the 'Ackermann aus Böhmen'. In: MLR 52 (1957) 88–91.
SZKLENAR, H.: Magister Nicolaus de Dybin. Vorstudien zu einer Edition seiner Schriften. Ein Beitrag zur Geschichte der literarischen Rhetorik im späteren Mittelalter. München, Zürich 1981 (Münchener Texte u. Untersuchungen z. dt. Lit. d. Mittelalters 65).
THIEME, K. D.: Zum Problem des rhythmischen Satzschlusses in der deutschen Literatur des Spätmittelalters. München 1965.
TRUNZ, E.: Der gegenwärtige Stand der Ackermannforschung. In: Zs. f. sudetendt. Gesch. 5 (1941/42) 245–268.
TSCHIRCH, F.: Schlüsselzahlen. Studie zur geistigen Durchdringung der Form in der deutschen Dichtung des Mittelalters. In: Beiträge z. dt. u. nord. Literatur. Festschr. L. Magon. Berlin 1958, S. 30–53.
–: Kapitelverzahnung und Kapitelrahmung durch das Wort im 'Ackermann aus Böhmen'. In: DVjs 33 (1959) 283–308. [Zitiert nach SCHWARZ 1968, S. 490 ff.]

TSCHIRCH, F.: Colores rhetorici im 'Ackermann aus Böhmen'. In: Literatur und Sprache im europäischen Mittelalter. Festschr. K. Langosch. Darmstadt 1973, S. 364–397.

VOGT-HERRMANN, CH.: Der Ackermann aus Böhmen und die jüngere Spruchdichtung. (Masch.) Diss. Hamburg 1962.

WALSHE, M. O'C.: Der Ackermann aus Böhmen: A Structural Interpretation. In: Classica et Mediaevalia 15 (1954) 130–145.

–: Establishing the Text of Der Ackermann aus Böhmen. In: MLR 52 (1957) 526–536.

–: 'Der Ackermann aus Böhmen': Quellenfrage und Textgestaltung. In: Deutsche Literatur des späten Mittelalters. Hamburger Colloquium 1973. Hrsg. W. Harms u. L. P. Johnson. Berlin 1975, S. 282–292.

WEBER, J.: Kapitelaufbau und tektonischer Stil im Ackermann aus Böhmen. (Masch.) Diss. Göttingen 1949.

WENZLAU, F.: Zwei- und Dreigliedrigkeit in der deutschen Prosa des XIV. und XV. Jahrhunderts. Ein Beitrag zur Geschichte des neuhochdeutschen Prosastils. Halle 1906 (Hermaea 4).

WINSTON, C. A.: The Ackermann aus Böhmen and the book of Job. Diss. University of Kansas 1979.

WOLFF, L.: Der Ackermann aus Böhmen. In: WW 1 (1950/51) 23–31.

WOSTRY, W.: Saaz zur Zeit des Ackermanndichters. München 1951 (Schriften d. wiss. Abt. d. Adalbert Stifter-Bundes u. d. Hist. Komm. d. Sudetenländer).

ZATOČIL, L.: Zwei Prager lateinische Texte als Quellen des Ackermann aus Böhmen. In: Brünner Beitr. z. Germanistik u. Nordistik 1 (1977) 7–21.

REGISTER

Bearbeitet von RICHARD KERLER

Autorenregister

Anderson, R. R. 19 f.
Arbusow, L. 34

Bacon, I. 15. 19
Bäuml, F. H. 19 f. 32. 48. *57–59*. 61. 65–67. 69. 75. 78. 90. 104– 106. 109. 110. 115. 118
Bartoč, F. M. 1. 6
Beer, K. 1
Bernt, A. 1. 12–14. *16*. 17–20. 22. 31. 104
Blank, W. 19
Blaschka, A. 4. 6 f. 10. *33*. 34. 96 f. 99. 109. 115 f.
Borck, K. H. 28 f. 38. 51. *74 f.* 78 f. *80 f.* 82–85. 94
Brand, R. (identisch mit Sommerfeld-Brand, R.) 26–28. 47. *53– 57*. 58 f. 61. 63. 65–67. 70. 73. 81. 90. 93. 108 f.
Brandmeyer, K. 29. 51. 74. *75– 82*. 83–85. 90. 94. 106 f. 109
Buchtmann, E. 19. 28. 48. *70–73*. 76. 81. 111
Burdach, K. VII. 12–14. *16*. 17– 20. *21–24*. 25. 27 f. 30–32. 40. 43 f. 74. 104–106. 108 f. 114
Burger, H. O. 51. *94–96*. 110. 118

Deinert, H. *61 f.* 110
Dockhorn, K. 94
Doskočil, K. 2. 4. 7. 96 f.

Eggers, H. 30. 32. 49. 92
Erben, J. 30. 111

Faral, E. 34

Genzmer, F. 20
Gervinus, G. G. 21
Gierach, E. 16
Gottsched, J. Ch. 12. 21

Hagen, F. H. von der 21
Hahn, G. 15. 19 f. 28. 33. 49. *64–70*. 72 f. 76. 81. 90. 107. 109 f. 117
Hammerich, L. L. 6. 8. 15. *16 f.* 18. 20. 30. 44. 100
Heilig, K. J. 1 f. 9. 25 f. 34–36
Henne, H. 118
Hennig, R. K. 29. *41–43*. 48 f. 51. 61. 82–84
Höver, W. 107
Hrubý, A. 4. 9 f. 20. 79. *100– 104*. 105 f.
Huber, Ch. 25

Hübner, Alfred 35. 44
Hübner, Arthur VII. 15–17. 24–27. 31–34. 46. 51. 53. 66. 74. 102. 105. 107–109. 115

Jaatinen, M. 115
Jaffe, S. P. *90–92*. 99. 106
Jungbluth, G. VII. *9*. 10. 12. 15. *16–18*. 19 f. 32. 35. 44. 100. 104 f. 115
Jutz, L. 12

Kasten, I. 106
Katzerowsky, W. 2
Kletzl, O. 19
Knieschek, J. 1. 15. 20 f. 99
Könneker, B. 110
Kolbenheyer, E. G. 16
Krogmann, W. 1 f. 4. 6–8. 12–15. *17*. 19 f. 31 f. 71. 78. 96 f. 99. 104. 106 f. 115 f.
Kryst, Ch. 18
Kuhn, H. 28. *63 f*. 68

Lausberg, H. 34
Lenk, W. 112
Lessing, G. E. 21

Martini, F. 47
Menge, H. H. 2 f. 10. 12–14. 18
Mieder, W. 47 f.
Müller, M. E. 112–114

Natt, R. 19. 22. 29. *34–38*. 49. 51. *84–90*. 94. 111

Palmer, N. F. 104
Peters, U. 5
Pfefferl, H. 19

Philippson, E. A. 19
Pickering, F. P. 106

Reitzer, J. M. 45 f. 49
Röll, W. 10
Rosenfeld, H. 2. 4. 7. *9 f*. 14. 101
Roth, J. S. 97. 106

Schafferus, E. *23 f*. 25. 27. 108
Scherer, W. 21
Schirokauer, A. 15. 109
Schlesinger, L. 2
Schneider, K. 10
Schramm, A. 19
Schülein, F. 118
Schwarz, E. 2. 4. 19. 32
Schwenk, R. 11. 18
Sichel, G. VIII. 19
Skála, E. 13. 29 f.
Sommerfeld-Brand, R. (identisch mit Brand, R.) 32. 49. 109
Spalding, K. 1. *16*. 19 f. 31 f. 45. 104
Stackmann, K. 25. 118
Stelzig, H. 45
Stockum, Th. C. van 110
Stolt, B. 51. *92–94*. 118
Swinburne, H. 45. 106. 109
Szsklenar, H. 106

Thieme, K. D. *43 f*. 48 f. 109
Thomas, H. 15 f.
Thomas, J. C. 19 f.
Trunz, E. 19
Tschirch, F. 39 f. 45–47

Vogt-Herrmann, Ch. 19. 24. *35–38*. *50–52*. 86. 105. 109

Walshe, M. O'C. 9. 15. *17 f.* 19 f.
31. 43. *59–61.* 71. 104
Weber, J. 32. *39.* 48 f. 106. 109
Wenzlau, F. 40. 49
Winston, C. A. 106

Wolff, L. 28. *62 f.* 68
Wostry, W. 2

Zäck, R. 17. 20
Zatočil, L. 97

Sachregister

Begriffe des Inhaltsverzeichnisses sind nur aufgenommen, wenn sie häufiger außerhalb des dort genannten Kapitels vorkommen.

Akrostichon 1. 3. 14. 101. 115
Alanus ab Insulis 25
Alexander de Villa Dei 82
Aristoteles 77. 82. 100 f. 103 f.
ars dictaminis (dictandi) 52. 81 f.
Auctor ad Herennium 82

Begleitbrief 1. 6. 8 f. 25 f. *34–38.* 44. 46. 56. 81. 88–91. 109. 115
Belialprozeß 105
Bernhard von Clairvaux, ›De contemptu mundi (maior)‹ 97
Berthold von Regensburg 106
Boethius 106
Bollstatter, Konrad 10
Bruni, Leonardo (Aretino) 95
Buoncampagno 82

Cicero 82. 95
Clara, Witwe Johannes' 3. 116
Codex O. LXX, Prag 96 f.
Cola di Rienzo 22 f. 95
Cursus 15. 33. 37. *43 f.* 53

Dante 22
›Dialogus Mortis cum Homine‹ 106

Dreigliedrigkeit *40 f.* 48. 53
Drucker des ›Ackermann‹ (hier nicht namentlich aufgelistet) *11 f.*
Dybinus, Nikolaus 82. 90. 106

Eberhardus Alemannus 82
Eberhardus Bethuniensis 82
Ehe(auffassung) 62. 93. 98. 112 f.

Fastnachtsspiel 24
Formularbücher 1 f. 3. 6
Frauenlob, Heinrich von Meißen 23. 51. 105
frühreformatorisch 23. 105. 108

Galfridus de Vino salvo 82
genus iudiciale 28 f. 37. 51. 58. *74–90.* 106
Gerichtsrede s. genus iudiciale
Gesellschaftslied 24. 32. 106

Heinrich von Mügeln 23. 25. 40. 50 f. 95. 101. 105. 118
Heinrich Wittenwiler, ›Ring‹ 110
Henslin de Sitbor, Vater Johannes' 2. 4

Hieronymus-Offizium 6. 9
Hiob, Buch 106
Humanismus s. Renaissance/Humanismus

Innozenz III. 82. 106
Isidor von Sevilla 82

Johann von Neumarkt 4 f. 22. 40. 45. 50 f. 82. 95. 101. 105 f. *107 f.* 111. 114. 118
›Buch der Liebkosung‹ 50. 107
›Soliloquia‹ 107
›Stachel der Liebe‹ 107
›Summa cancellarii‹ 82. 107

Karl IV. 2–4. 22 f. 107. 116

Latinität, ältere : neuere 25. 32. 52 f. 109

Marienlyrik 24
Meistersang 24. 32. 51
›Des Minners Anklagen‹ 107
Minne(sang) 24. 62. 69. 110
Mittelalter 23–25. 52. 56. 58. 68 f. 82. 95. 107
Mystik 105

Neuzeit 56. 58. 109. 114; s. auch Renaissance/Humanismus
Novelle 24

Oswald von Wolkenstein 24. 110

Petrarca 22 f. 95. 106
›Piers Plowman‹ 23. 105
Platon 100. 105
Predigt(prosa) 39. 105

Prosa 15. 33. 39. 44. 52. 56. 58. 96. 98. 107. 117 f.
Prozeß(elemente) 14. 21. 28. 49. 64. 74. 77. 79. 85. 96. 105 f. 117; s. auch genus iudiciale

Quintilian 82. 93

›De remediis fortuitorum‹ 106
Renaissance/Humanismus VII. 21–24. 32. 52. 56. 68 f. 82. 94 f. 105. 107
Rhetorik
 als ars movendi 51. 53. 94–96. 110. 118
 als ars ornandi 51 f. 95. 118
Rhythmisierung 15. 33 f. 37. 43–45. 49. 53
Rothers (Rothirsch), Petrus 1. 6. 9
Rotlew, Martin 6

Salman-Markolf-Dialoge 47
Schlußgebet 14. 20 f. 40. 50. 57–59. 63 f. 68. 73 f. 78. 81. 86. 94. 107
Seneca 106
Seuse, Heinrich 106
Sprichwort 24. *47 f.*
Spruchdichtung 24. 50–52. 105
Stadtbuch, Saaz, Prag 1 f. 3. 6. 29
Steinhöwel, ›Griseldis‹ 10
Stilexperiment, -kunstwerk 4. 24–26. 33 f. *115–118*
Streitgespräche 106 f.

Tauler, Johannes 106
›Tkadleček‹ 7. 13–18. 96. *99–104*
Todeserlebnis VII. 3 f. 8–10. 25 f.

35. 56. 58. 73. 92. *115 f.* 117–119
Totentanz 97
›Tractatus de crudelitate mortis‹ *96–99.* 107. 118 f.
Traditionen
  deutsche 24 f. 32. 34. 46. 51 f. 105. 108. 109
  lateinische 32. 51 f. 105. 109
Tybinus s. Dybinus

Urackermann 9. *99–104*

Urteil Gottes 21. 28. 40. 49 f. 53–56. 58 f. 61–63. 67 f. 73 f. 78. 80 f. 86 f. 94

›Vado mori . . .‹ 97
Verschlüsselungen 1. 7. 46. 115 f.; s. auch Akrostichon

Wenzelbibel 6
Wenzel, König 3. 6
Widmungsbrief s. Begleitbrief
Wyle, ›Guiskard‹ 10. 18

Aus dem weiteren Programm

8951-0 Esselborn-Krumbiegel, Helga:
Der 'Held' im Roman. Formen des deutschen Entwicklungsromans im frühen 20. Jahrhundert. (IdF, Bd. 39.)

1983. VIII, 211 S., kart.

Ausgehend von der Gestalt des Helden untersucht die Arbeit die Transformation des deutschen Entwicklungsromans im frühen 20. Jahrhundert von der epigonalen Angleichung an das traditionelle Vorbild über die individualistische Umformung bis hin zur Dekomposition der Form und zum Versuch einer neuen Synthese.

8041-6 Eyb, Albrecht von:
Ob einem manne sey zunemen ein eelichs weyb oder nicht (1472). (TzF, Bd. 36.)

Reprogr. Nachdr. 1982. Mit einem Vorwort zum Neudruck von Helmut Weinacht. XXXII, 118 S., kart.

1472 schrieb der fränkische Domherr Albrecht von Eyb nach langjährigen Studien in Italien und mehreren lateinischen Vorarbeiten sein deutsches „Ehebüchlein". Die stilistische Gewandheit vor allem in den Kapiteln vom Lob der Ee und Lob der Frawen sowie in den als Exempla beigefügten Novellen- und Legendenübersetzungen begründeten den Ruhm Albrechts von Eyb als – neben Johann von Tepl – bestem deutschsprachigen Prosaisten vor Luther.

8386-5 Heydebrand, Renate von (Hrsg.):
Robert Musil. (WdF, Bd. 588.)

1982. VI, 470 S. mit mehreren schemat. Darst. u. Tab., Gzl.

Im Unterschied zu den wenigen existierenden Aufsatzsammelbänden zu Robert Musil, die entweder Verschiedenstes verbinden oder dem Sammelthema eines Symposions sich zuordnen, ist dieser Band einerseits auf den Methodenvergleich angelegt, andererseits streng auf die Interpretation von ganzen Texten gerichtet.

8629-5 Krieg, Werner:
Einführung in die Bibliothekskunde.

1982. VI, 164 S., kart.

Dieses Buch gibt u. a. eine Charakteristik der verschiedenen Bibliothekstypen, eine Darstellung der Organisation des Bibliothekswesens und eine Schilderung der Arbeitsabläufe in den Bibliotheken. Ein Überblick über die Geschichte der Bibliotheken sowie Ratschläge für die Benutzung runden das Bild ab.

WISSENSCHAFTLICHE BUCHGESELLSCHAFT
Hindenburgstr. 40   D-6100 Darmstadt 11

Aus dem weiteren Programm

8384-9 Müller-Seidel, Walter (Hrsg.):
Kleists Aktualität. Neue Aufsätze und Essays 1966–1978.
(WdF, Bd. 586.)

1981. VI, 313 S., Gzl.

Die Beiträge dieser Sammlung sollen dokumentieren, wie unverändert lebhaft Forschung und Diskussion um H. v. Kleist sind. Sie schließen zeitlich an den bereits vorliegenden Forschungsband „Heinrich von Kleist" an und stellen im wesentlichen das Werk in den Mittelpunkt.

8047-5 Paul, Fritz (Hrsg.):
Grundzüge der neueren skandinavischen Literaturen. (Gz, Bd. 41.)

1982. IX, 410 S., kart.

Seit der als mißglückt geltenden Literaturgeschichte von Hilma Borelius aus dem Jahr 1931 bietet dieser Band erstmals wieder eine in deutscher Sprache abgefaßte Darstellung der neueren skandinavischen Literaturen vom Ausgang des Mittelalters bis zur Gegenwart.

8606-6 Rötzer, Hans Gerd (Hrsg.):
Texte zur Geschichte der Poetik in Deutschland. Von M. Opitz bis
A. W. Schlegel.

1982. XI, 421 S., geb.

Die Textsammlung ist als Arbeitsbuch gedacht. Es werden die wichtigsten Beiträge zur Geschichte der Poetik in Deutschland für den Zeitraum vom Barock bis zur Romantik auszugsweise abgedruckt. Kurze Einführungen stellen die Textausschnitte jeweils in den Zusammenhang der poetologischen Diskussion, so daß eine Art exemplarischer Überblick für den genannten Zeitraum entsteht, der als Grundlage für Poetik-Seminare dienen kann.

8037-8 Schirmer, Karl-Heinz (Hrsg.):
Das Märe. Die mittelhochdeutsche Versnovelle des späteren Mittelalters. (WdF, Bd. 558.)

1983. VII, 431 S., Gzl.

Die Gattung des Märe bzw. der mittelhochdeutschen Versnovelle ist in den letzten 20 Jahren ein bevorzugtes Gebiet mediävistisch-literaturwissenschaftlicher Bemühungen geworden. In diesem Band sind neben wenigen wichtigen älteren Arbeiten weiterführende Interpretationsansätze vor allem dieses Zeitraums abgedruckt, die zusammengenommen ein Bild von der methodischen und thematischen Vielfalt dieser Forschungsrichtungen vermitteln.

8038-6 Schirok, Bernd:
Parzivalrezeption im Mittelalter. (EdF, Bd. 174.)

1982. IX, 232 S. mit mehreren Tab., kart.

Der „Parzival" Wolframs von Eschenbach gehört zu den am weitesten verbreiteten und am stärksten rezipierten volkssprachlichen Texten des Mittelalters. Der vorliegende Band trägt zahlreiche verstreut publizierte Einzelbeobachtungen zusammen und versucht zum ersten Mal, den Prozeß der Distribution und Rezeption im Zusammenhang zu dokumentieren.

WISSENSCHAFTLICHE BUCHGESELLSCHAFT
Hindenburgstr. 40   D-6100 Darmstadt 1